──────────── 님의 소중한 미래를 위해
이 책을 드립니다.

나답게 산다는 것

나답게 산다는 것

나를 찾고자 하는 이들의 철학수업

박은미 지음

초록북스

초록북스

우리는 책이 독자를 위한 것임을 잊지 않는다.
우리는 독자의 꿈을 사랑하고,
그 꿈이 실현될 수 있는 도구를 세상에 내놓는다.

나답게 산다는 것

초판 1쇄 발행 2024년 6월 20일 | **지은이** 박은미
펴낸곳 (주)원앤원콘텐츠그룹 | **펴낸이** 강현규·정영훈
편집 안정연·신주식·이지은 | **디자인** 최선희
마케팅 김형진·이선미·정채훈 | **경영지원** 최향숙
등록번호 제301-2006-001호 | **등록일자** 2013년 5월 24일
주소 04607 서울시 중구 다산로 139 랜더스빌딩 5층 | **전화** (02)2234-7117
팩스 (02)2234-1086 | **홈페이지** matebooks.co.kr | **이메일** khg0109@hanmail.net
값 19,000원 | **ISBN** 979-11-6002-434-0 03180

"철학을 한다는 것은 근원에 깨어 있도록 하며 자기 자신으로 되돌아가고
내적 행위 속에서 힘을 가지고 자기 자신을 돕고자 하는 결단이다."

• 카를 야스퍼스(철학자) •

•

'진짜 나'로
살 수 있습니다!

유튜브에서 한 유명 가수의 강의를 들은 적이 있습니다. 그는 그야 말로 하루아침에 스타가 되었답니다. 꿈에 그리던 텔레비전 프로그 램에 나오고 음악방송 1위를 하고 섭외문의가 쏟아지는 등 원하던 모든 것이 이루어졌다고 했습니다.

그런데 자기 자신을 보면 그 전의 자기 자신과 같고 자신은 여전 히 매력이 없는 사람으로 느껴졌답니다. 그렇게 인기를 누리던 어느 날 자신이 행복하지 않고 앞으로도 행복하지 않을 것이라는 확신이 들었다고 합니다.

그래서 깨달았다고 합니다. 자신이 자기 자신을 너무 모른다는 사 실, 무엇을 할 때 즐겁고 행복한지조차 모른다는 사실을 말입니다.

"어떨 때 제일 즐거워?" "뭐가 제일 행복해?" "뭐가 제일 힘드니?" "뭐가 제일 슬퍼?" "앞으로 어떻게 살고 싶어?" 등의 질문에 대답하지 못하는 자신을 발견하게 되었답니다.

이 가수는 어렸을 때부터 연습생 생활을 하면서 대중에게 매력 있는 사람으로 보이려고 노력해야 했기에 이런 상황에 놓인 듯합니다. 보여주는 모습을 만들어야 한다는 압박을 받으면 '가짜 나'로 살게 됩니다. '보여주는 나'를 자꾸만 꾸미게 되고, 남들에게 어떻게 보일지 전전긍긍하면서 살게 되지요. 타인의 시선에 맞추어 타인이 원하는 모습을 자신에게 강요할 때 '가짜 나'로 살게 됩니다. 나 자신에게서 연원하지 않은 모습이니 '가짜 나'입니다.

이 가수는 자기 자신을 찾으려고 여행을 떠났는데 안절부절못하고 무언가를 해야 할 것 같은 압박감을 느꼈다고 합니다. 빡빡한 일정으로 가수 활동을 하던 이전의 생활습관이 이어진 거지요.

그렇게 시간을 보내던 어느 날, 여행지 날씨가 좋아서 매우 행복하더랍니다. '나는 이렇게 날씨가 좋은 걸 행복해하는 사람이구나' 하면서 자기 자신을 느끼게 되었답니다. 자신이 행복해지는 데 생각보다 그렇게 대단한 게 필요하지 않다는 사실을 깨달으니 겁이 없어지더랍니다. '내가 행복할 수 없으면 어쩌지' 하는 걱정에서 벗어났기 때문입니다.

그러고는 한국에 돌아와서 어느 대화 모임에 나갔는데 거기서 자신과 다른 사람들의 공통점을 발견했다고 합니다. 자신이 '난 뭐지?

'진짜 나'로 살 수 있습니다!

난 상품인가?' 하는 고민을 했다면, 타인들은 '난 뭐지? 난 부품인가?' 하는 고민을 하더랍니다. 그래서 오히려 안심이 되었다는군요. 자기 걱정이 특별한 게 아니고 '모두 그런 걱정을 하며 사는구나' 하는 그런 느낌에 말입니다.

그러면서 오랫동안 매력 있는 사람이고 싶었는데 매력에 대한 생각이 바뀌었다고 합니다. "매력이라는 건 내가 먼저 나 자신에게 눈을 돌려 발견하고 찾아내는 것, 그리고 그걸 가장 나답게 내 마음에 쏙 들게 가꾸어 나가는 것. 그게 바로 매력이었어요." 이런 생각으로 이 가수는 스스로 부족하다고 느끼지 않게 되었고, 전보다 훨씬 더 행복해졌다고 합니다.

저는 이 책에서 바로 이 얘기를 하려고 합니다. 철학을 30여 년 한 사람으로서 이렇게 자기 자신을 발견하고 자기 마음의 소리를 들으며 자신을 찾아 나가 결국 원하는 자기가 되어가는 것을 말하고자 합니다.

인간은 자기 자신으로 살 때 행복합니다. 그러려면 자기 자신을 만나야 하고, 자기 마음의 소리를 들을 줄 알아야 합니다. 우리는 자기 마음의 소리를 외면하고 사는 데 익숙하거든요. 그래서 CHAPTER 1, 2, 3의 제목을 '내가 나를 만나다, 내 마음을 들여다보다, 내가 모르는 나를 만나다'로 했습니다.

나다움은 나 자신을 만나고 내 마음을 들여다보며 찾아 나가는 동시에 만들어나가야 하는 것입니다. 나다움을 찾아서 만들어가는 만큼 나 자신으로서 편안해집니다.

인간은 '가짜 나'로 사는 만큼 불행해지고, '진짜 나'로 사는 만큼 행복해집니다. 가짜 나로 사는 불행을 견디며 살아가는 사람은 옆 사람을 수단으로 여기며 세상에 불행을 전파합니다. 진짜 나로 사는 행복을 누리며 사는 사람은 옆 사람을 목적으로 여기며 세상에 행복을 전파합니다. 여러분을 '진짜 나로 사는 행복, 행복을 전파하며 사는 기쁨'으로 초대하고 싶습니다.

박은미

'진짜 나'로 살 수 있습니다!

CONTENTS

CHAPTER 3
•

내가 모르는 나를 만나다

CHAPTER 1

·

평생 꼭 한 번 만나야 하는 사람이 있다면 그 사람은 바로 '나 자신'이라고 합니다. 나 자신
으로 산다' '나답게 산다'는 말을 매력적으로 느끼지 않는 사람은 없습니다. 그러나 정작 자
기 자신을 만나는 노력은 하지 않는 사람이 많습니다. 자기 자신에게서 도망가는 데 인생
대부분을 보내는 사람도 있습니다. 자기 자신을 만나려면 먼저 혼자임을 잘 누릴 줄 알아야
합니다. CHAPTER 1에서는 내가 나를 만나기 위해 혼자임을 잘 누리는 것을 애기합니다.

내가
나를
만나다

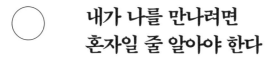

내가 나를 만나려면
혼자일 줄 알아야 한다

10여 년 동안 철학과 심리학 모두를 동원해서 마음의 주인이 되는 것을 주된 내용으로 하는 수업을 진행했습니다. 그 수업에서 제가 첫마디로 "내 마음이 내 마음대로 안 되죠?"라고 물으면 그 많은 학생이 허탈한 듯 웃음을 지으며 한순간 다 같이 조용해졌습니다. 학생들이 모두 조용해지는 것은 그만큼 그 문제에 관심이 있다는 뜻입니다.

분명 내 마음인데 왜 내 마음대로 안 될까요? 저는 '마음의 가닥을 잡지 못해서'라고 생각합니다. 마음의 가닥은 왜 잡지 못하나요? 두려워하는 것이 있기 때문입니다. 무엇을 두려워하나요? 인간은 혼자인 것을 두려워합니다.

혼자인 것을
두려워하는 인간

혼자인 것을 두려워하는 인간은 혼자가 아니려고 노력합니다. 혼자임을 잘 누리는 사람이 있는 반면, 혼자임을 견디지 못하는 사람도 있습니다. 혼자일 때는 혼자임을 잘 누리고, 누군가 옆에 있을 때는 그 사람과 함께임을 잘 누리면 됩니다.

그런데 그렇게 하기가 어렵습니다. 혼자임을 잘 누리지 못하는 사람은 꼭 옆에 누군가를 두려고 하다 보니 눈치 보는 사람이 되기 쉽습니다. 옆에 있는 사람이 자신을 떠날까봐 두려워서이지요. 그러면 관계에 지나치게 매몰되고 관계 자체에 집착하게 됩니다.

혼자일 수밖에 없어서 또는 관계가 불편해서 혼자 있는 것은 혼자임을 잘 누리는 것이 아닙니다. 이 경우는 언제든 혼자가 아니기를 바라면서 어쩔 수 없이 혼자 있는 것입니다.

같이 있을 사람이 없어서 또는 관계가 불편하거나 관계에서 자기 기대를 충분히 채울 수 없어서 관계를 포기하는 방식으로 혼자인 경우는 강제로 혼자 있는 것이지 혼자임을 누리는 것이 아닙니다.

혼자임을 누린다는 것은 고독을 즐긴다는 것이고, 한적하고 호젓하게 있을 줄 안다는 것입니다. 그런데 우리는 한적하고 호젓해지면 어떤 두려움을 느낍니다. 그 느낌을 가만히 들여다보면 그것은 무존재에 대한 두려움임을 알 수 있습니다. 내가 언젠가는 존재하지 않

18

고야 말 것이라는 두려움, 즉 죽음에 대한 두려움이죠.

정적 속에 혼자 있을 때 이 두려움을 강하게 느낍니다. 그래서 보통 텔레비전을 켜놓거나 음악을 틀어놓습니다. 백색 소음이라는 말이 일반적으로 사용될 정도로 우리는 적적함을 힘들어합니다.

가만히 자기 내면을 들여다보려면 혼자라는 두려움, 언젠가는 이 삶이 중단될 것이라는 (자기 자신도 제대로 의식하지 못하는) 두려움부터 제대로 느껴야 합니다. 이 두려움을 제대로 의식하는 데는 용기가 필요합니다.

덴마크의 철학자 쇠렌 키르케고르는 자신의 책 『불안의 개념』에서 "불안해지는 방법을 올바로 배운 사람은 최고의 것을 배운 셈이다"라고 말합니다. 우리는 불안해질 용기가 없어서 자꾸만 불안으로부터 도망가고 불안을 직면하지 않으려 하는데, 키르케고르는 불안이야말로 우리가 우리 자신이라는 결정적 징조라고 봅니다. 내가 나이기 때문에 나와 관련한 불안을 느낀다는 것입니다.

'나답게 산다'는 말에
주목하는 이유

나 자신이 언젠가는 죽고 만다는 사실은 그야말로 당혹스러운 진실입니다. 언젠가는 죽고 말 텐데 왜들 이리 악착같이 사는지 의아스

럽고 모두 마치 죽지 않을 듯이, 죽음은 자신과 상관도 없다는 듯이 천연덕스럽게 살고 있다는 사실에 당황하게 됩니다. 그러면서 왜 살아야 하는지, 어떻게 살아야 하는지를 고민하다 보면 '나답게 사는 것'이 답이라는 생각을 하게 됩니다.

그래서 모두 '나답게 산다는 것'이라는 말에 관심을 가집니다. 그런데 '나답게 산다'는 말은 매우 매력적으로 들리지만 내가 나를 모르니 '나답게 산다는 것'이 무엇인지 감을 잡지 못해 답답해집니다.

자기 자신을 만나려면 한적하고 호젓하게 자신과 함께 있을 줄 알아야 합니다. 그런데 우리는 혼자 있는 것이 익숙하지 않기에, 혼자라는 것이 두렵기에 누군가와 끊임없이 대화하려 듭니다. 요즘은 카톡이나 소셜네트워크서비스(SNS) 등으로 이런 증상이 더 심각해졌습니다. '혼자일 줄 모른다'는 것은 곧 '나일 줄 모른다'는 것이라고 해도 지나친 말이 아닙니다.

혼자일 줄 모르면 나를 느끼기 어렵습니다. 혼자라서 느끼는 적적함 속에서 내가 무엇을 두려워하는지, 무엇을 바라는지 느껴보면 그때부터 내 마음의 소리를 듣게 됩니다. 나를 느끼기 시작해야 나답게 사는 것이 무엇인지 감지할 수 있습니다.

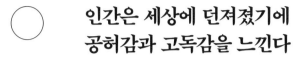

인간은 세상에 던져졌기에
공허감과 고독감을 느낀다

인간은 세상에 던져졌습니다. 독일의 철학자 마르틴 하이데거는 인간은 피투(被投)된 존재라고 말합니다. '피투'는 던짐을 당했다는 뜻입니다. 스스로 존재하기로 결정해서 존재하는 사람은 없습니다. 이렇게 인간은 자기 뜻과 상관없이 세상에 던져졌기에 근본적 불쾌감이 있습니다. '내가 언제 존재하겠다고 한 적 있어?'라는 불쾌감이지요.

인간의 진실은, 어느 날 정신 차리고 보니 이미 존재한다는 것입니다. 더군다나 자신이 선택하지 않은 조건(가족, 성별, 외모 등)으로 던져졌습니다. 그런데도 인간은 자신이 선택하지 않은 조건을 감당하며 살아야 합니다. 이는 인간이라면 모두가 마찬가지입니다. 근본적으로 인간은 삶을 직접 결정하지 않았기에 불쾌해합니다. 게다가 원하지 않는 조건으로 던져졌기에 더욱 그러합니다.

우리 모두 시한부 인생이라는
너무나 무거운 진실

원하지 않는 조건에 던져진 것도 황당한데 인간은 언젠가 죽고야 마는 존재입니다. 죽는 시점을 알지 못할 뿐 우리 모두 언젠가는 죽고야 만다는 것이 진실입니다. 이 진실은 너무 무겁습니다. 그렇게 보면 우리는 모두 시한부 인생입니다. 질병 등으로 종료 시점을 어느 정도 예측하는 시한부 인생이 있고, 그렇지 않은 시한부 인생이 있을 뿐입니다. 우리 모두 시한부 인생이라는 것은 피할 수 없는 엄정한 사실입니다.

그런데 우리는 이 진실을 회피하고 싶어 합니다. 너무 무거운 진실이어서 감당하기 어렵기 때문입니다. 의식 차원에서는 죽는다는 사실을 직시하지 못하지만 그렇다고 이를 모르는 것은 아닙니다. 사실 무의식적으로는 자신이 그 중요한 사실을 회피하는 부담을 가지다 보니 더욱더 죽음은 존재하지 않는다는 듯 생활하고 싶어집니다.

그렇지만 진실은 문득문득, 삐죽삐죽 올라옵니다. '이렇게 아등바등 살아서 뭐 하지…?' 같은 깊은 의문을 피하기 어렵습니다. 죽음이 끊임없는 불안의 원천입니다. 그런데 우리는 대부분 이 의문을 본격적으로 문제 삼으면 감당할 자신이 없어서 이를 제대로 생각하지도 못합니다.

인간은 이렇게 세상에 던져졌기에 공허함을 느낍니다. 세상에 던져졌는데 그것도 얼마 안 되어 죽을 수밖에 없습니다. '살아간다=죽어간다'라는 실존적 조건 앞에서 우리는 당황할 수밖에 없습니다. 그야말로 '그래서 어쩌란 말이지?' 싶습니다. 인생의 황당함은, 나는 존재하겠다고 결정한 적이 없는데 어느 날 존재하는 나 자신을 발견할 수밖에 없다는 점에 있습니다.

공허감과 고독감의
상승작용

원하지 않는 조건에 던져졌다며 누군가를 원망하고 싶지만 부모님도 존재하고 싶어서 존재하는 것은 아니라는 사실을 인식하면 원망할 대상도 없다는 사실을 깨닫게 됩니다.

인간은 자신이 결정하지 않은 삶을 자신이 원하지 않는 조건을 딛고서 살아내야 합니다. 그것도 언젠가는 죽고야 만다는 진실을 의식하면서 말입니다. 그래서 실존철학자들은 인간은 불안할 수밖에 없고 불안을 느끼는 것이 정상이라고 말합니다. 키르케고르는 '불안할 용기'라는 표현을 사용하기도 합니다. 사람들은 대부분 불안이 무서워서 불안으로부터 도망가는 삶을 삽니다.

불안을 잊으려는 몸짓은 다양합니다. 연애를 하는 사람도 있고, 통장에 잔고를 쌓는 사람도 있고, 자격증을 모으는 사람도 있고, 친구를 모으는 사람도 있습니다. 다양한 취미활동이나 봉사활동도 불안을 잊으려는 모습일 수 있습니다.

이런 행위 자체가 문제라는 것은 아닙니다. 그런데 어떤 행위든 불안을 잊으려고 하는 행위는 본질적이지 않아서 나중에 문제가 됩니다. 불안을 잊으려는 행위를 할 경우, 행위 자체에서 의미를 찾지 않기에 자칫하면 다시 또 몰려오는 공허감에 시달리게 됩니다. 그리고 공허감에 시달리다 보면 고독감을 더 크게 느끼게 됩니다. 그 공허감을 잊을 만큼 따뜻한 느낌을 주는 누군가가 옆에 있으면 좋겠다고 바라게 되기 때문입니다.

인간은 공허감을 느끼면 고독을 피하고 싶어 하지만 공허감과 고독감은 상승작용을 일으킵니다. 고독하면 공허감이 더 크게 느껴지고, 공허하면 고독감을 더 크게 느끼게 됩니다.

내가 혼자라는 것을
너무 두려워하면

혼자임을 무서워하면 옆 사람 비위를 맞추려 듭니다. 그 사람이 자기를 멀리할까봐 두렵기 때문이지요. 자신 안의 그 두려움을 똑바로 보지 못하면 외로움을 느끼지 않으려고 연애를 쉬지 않기도 합니다. 이때 건강하지 않은 연애에 빠질 위험이 매우 큽니다.

상대방에게 지나치게 맞춰주다 보면 상대방은 나에게 긴장도 하지 않고, 관심도 가지지 않게 됩니다. 이쪽에서 일방적으로 맞춰주니 그 사람으로서는 그럴 필요가 없지요.

그러면 그 사람이 나에게 지녔던 마음마저 없어집니다. 나라는 존재 자체에 대한 흥미가 떨어지니까요. 내가 나를 귀하게 여기지 않으니 나를 상대하는 사람도 나를 귀하게 여기지 않습니다.

연애가 건강하지 않게 지속되는 데 대한 이런저런 심리적 분석이 있지만 근원적으로 혼자임을 두려워하는 문제부터 생각해보는 것이 좋습니다. 바로 이것이 근본적 문제이기 때문입니다.

혼자일 때 자기 자신에게
친구가 될 수 있는가?

혼자임을 견디지 못하면 관계에 집착하게 되고, 관계에서 고통을 많이 느끼게 됩니다. 인간은 혼자일 수밖에 없는 존재인데 '혼자가 아닐 수 있다'거나 '혼자여서는 안 된다'는 생각을 강하게 하면 자신을 혼자로 만드는 파트너를 원망하게 됩니다. '연인인데 왜 나를 혼자 두나' 하는 원망감이 나를 집어삼킵니다.

그러나 인생은 혼자입니다. 혼자 죽어야 하는 것이 인생입니다. 이를 인정하지 않으면 수많은 사람과 고통스럽게 헤어지거나 헤어짐을 두려워해 관계 자체에 매달리는 동안 자존감이 바닥을 치는 경험을 하게 됩니다.

사람마다 외로움을 잊으려는 몸부림은 다양합니다. 외로움을 잊으려고 더 사람을 찾는 이도 있지만 일을 찾는 사람도 있습니다. 이 경우에는 자칫하면 일중독에 빠집니다. 현대사회는 성과 중심 사회이기에 일중독 문제를 제대로 다루지 않지만 일중독 역시 중독이기에 문제가 됩니다.

혼자 있을 때 어떤가요? 얼마나 자기 자신에게 친구가 될 수 있나요? 이를 확인해보는 방법이 있습니다. 소음이 생길 일을 없애고 몇 시인지 확인한 후 휴대전화를 무음으로 해놓고는 가만히 앉아 있는 것입니다. 무슨 느낌이 드는지 가만히 느껴봅니다. 일단 적막감이 밀려오면서 이상할 것입니다. 여러 생각이 왔다 갔다 하지요.

그 생각들을 그냥 그대로 둡니다(사실 이것이 명상입니다). 생각이 들어오고 나가는데 아무런 상관을 하지 않으면서 그냥 그대로 느끼는 것입니다. 무슨 소리가 들리면 들리는 대로, 불안이 느껴지면 느껴지는 대로 그냥 느껴봅니다.

그렇게 계속 있은 뒤 더는 안 될 것 같을 때, 시간이 꽤 흐른 것 같은 느낌이 들고 이제 그만했으면 싶을 때, 휴대전화의 시계를 확인합니다. 몇 분이 지났나요? 3분 정도? 길어야 10분 정도일 것입니다. 특별히 명상 훈련을 받은 사람이 아니고는 5분에서 15분 사이에 가만히 앉아 있기를 중단합니다. 실제로 경험해보면 매우 놀라게 됩니다. 시간이 꽤 흐른 느낌인데 겨우 그 정도라니!

혼자 있으면 시간이 정말 느리게 갑니다. 5분은 문자 몇 개 주고받을 시간밖에 되지 않는데도 아주 지루하게 느껴집니다. 그 적적함이 어땠나요? 처음 해본다면 당연히 이 적적함을 피하고 싶다는 느낌을 받을 것입니다. 혹시 그 적적함이 뭐라고 설명할 수 없는 평온을 주었다면 혼자 있을 수 있는 사람입니다. 하지만 그 적적함이 막막하게 느껴지고 무섭고 도망치고 싶은 기분이 든다면 고독하기 어려운 사람입니다.

독일의 철학자 프리드리히 니체는 "사람은 고독에 수반되게 마련인 지독한 권태와 불쾌한 감정, 지루함의 대가로 자기 자신과 자연에 더없이 깊이 침잠하는 15분을 얻는다. 지루함에 완전히 보루를 쌓은 자는 자기 자신에게도 보루를 쌓는 법이다. 자기 자신의 가장 깊은 샘에서 솟아나는 제일 힘이 되는 생명의 물을 그 사람은 결코 마시지 못할 것이다"라고 말한 바 있습니다.

지루함에 완전히 보루를 쌓은 자가 자기 자신에게도 보루를 쌓는다는 것은 '한적하고 호젓하게 있을 줄 알아야 한다'는 말과 상통합니다.

혼자서 잘 지내는 법을
배워야 한다

'자기 자신의 가장 깊은 샘에서 솟아나는 제일 힘이 되는 생명의 물'은 나를 나답게 하는 추동력입니다. 나답게 산다는 것은 이 물을 잘 마실 수 있게 되는 것이기도 하지요.

혼자 있는 시간을 지루해하고 두려워한다는 것은 혼자일 때 드러나는 '날것의 모습'을 있는 그대로 볼 자신이 없다는 뜻입니다. 우리는 혼자 있을 때 자기 자신을 대면하게 됩니다.

그 '날것의 나'는 외로워하고 무언가를 회피합니다. 대개는 고독과 불안을 회피합니다. 그렇기에 나 자신을 만나려면 이 고독감과 불안감이 잠잠해질 때까지 그 느낌을 대면해야 합니다. 내가 무엇을 두려워하는지 잘 지켜봐야 합니다. 혼자 있는 시간을 점차 늘려가면서 마음을 가라앉혀야 합니다.

처음에 혼자 있으려면 온갖 상념이 떠오르는 것을 느낍니다. 그 상념들은 그냥 두어야 합니다. 온갖 생각이 둥둥 떠다니다 가라앉고, 둥둥 떠다니다 가라앉을 것입니다. 이를 반복적으로 느끼다 보면 점점 '가라앉힌다'는 표현이 실감 날 것입니다. 가라앉혀질수록 나를 느끼게 됩니다.

적막함을 느끼고 싶지 않아서 내 마음을 바쁘게 했던 많은 것을 내려놓으면서 나를 느끼게 됩니다. 적막함을 회피하지 않아야 나를 느낄 수 있습니다. 이 과정은 힘들지만 꼭 필요합니다.

그러면서 나 자신이 얼마나 죽음으로부터 도망가는지를 여실히 느껴보아야 합니다. 죽음이라는 피할 수 없는 진실을 피하려고 내가 얼마나 나도 모르게 애쓰는지 느껴보아야 합니다. 이를 느껴야 '살아간다=죽어간다'라는 진실을 마주할 용기를 가질 수 있고, 그래야 나 자신으로 사는 것을 시작할 수 있습니다.

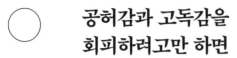

공허감과 고독감을
회피하려고만 하면

자, 지금 얘기가 어떻게 가고 있나요? 자기 자신으로 살아가는 데 아주 중요한 출발점이 '죽음이라는 진실을 직면하는 것'이라고 했습니다. 죽음을 직면하지 않으면 우리는 고독감과 공허감을 잊으려고 몸부림하며 살아가게 되기 때문입니다. 그러면 그만큼 자기 자신으로 살지 못하게 됩니다. 자기 마음의 소리를 듣지 못하게 되기 때문이지요.

왜 그런가요? 마음의 소리는 혼자일 때 잘 들을 수 있기 때문입니다. 그리고 혼자 있으려면 고독감과 공허감으로부터 도망 다니지 않아야 하기 때문입니다. 결국 마음의 소리를 들으려면 마음 전반에 가라앉아 있는 죽음에 대한 두려움부터 들여다봐야 합니다. 자신 안에 있는 공허감과 고독감을 충분히 느껴야만 이를 피해 달아나려 외부로만 향하는 마음을 들여다볼 수 있습니다.

공허감과 고독감으로 인해
마음에 빠져 있게 된다

마음 들여다보기를 어려워하는 이유는 마음에 빠져 있기 때문입니다. 마음을 넘어서 보아야 마음을 인식할 수 있는데, 마음에 빠져 있으면 마음이 보이지 않습니다. 우물 안에 있는 개구리처럼 우물이 어떻게 생겼는지 인식하기가 어려워지는 것이죠.

우리는 자주 상황과 마음에 빠져 있습니다. 그래서 마음 들여다보기를 힘들어합니다. 마음에 빠져 있다는 것은 마음에 따라 반응하기가 바빠서 마음 자체를 들여다보지 못한다는 것입니다.

예를 들어 외로워서 누군가를 만나려고 할 때 '내가 지금 외롭구나' 하면서 자기 마음을 들여다보지 못하고 '누구를 만나야 내가 외롭지 않을까, 무엇을 해야 외롭지 않을까' 쪽으로만 마음과 생각이 움직이는 것입니다. 인간이 외로울 수밖에 없다는 진실을 받아들이지 못하면(인간은 혼자 죽습니다) 외로움 문제를 해결하려는 쪽으로만 모든 생각과 행동이 집중됩니다. 그러면 마음에 따라 반응하기만 바쁘니 마음에 빠져 있기만 하게 됩니다.

그러니까 알아차리는 것이 중요합니다. '아, 내가 지금 외로워서 술을 마시고 싶구나, 누군가를 만나고 싶구나, 헤어진 연인에게 연락하고 싶구나' 등을 알아차려야 합니다. 이렇게 알아차려 버릇하지 않으면 모든 생각이 '같이 술 마실 사람 없나, 같이 놀러 갈 사람 없나' 하면서 만날 사람을 찾고 연락하는 데로 쏠립니다.

마음 들여다보기를 힘들어하는 데는 외로움이나 고독감을 직면하기가 겁이 나기 때문인 이유도 있다고 했습니다. 마음을 들여다보다 보면 결국 마음 깊이 숨겨진 외로움과 고독감을 만나게 됩니다. 공허감과 고독감을 직면하기가 두려운 이유는 죽음이 두렵기 때문입니다. 인간은 혼자 죽는 존재이니까요.

그래서 죽음을 직면하는 연습을 해야 합니다. 죽어가는 삶임을 받아들이지 않으면 마음은 죽음으로부터 도망가느라 자신 안에 있는 불안과 두려움에 직면하지 못합니다. 그러면 자기 마음을 들여다볼 수 없게 되고, 자기 자신에게 친구가 될 수 없습니다.

불안이라는 기분을 인수해야
불안을 제대로 극복할 수 있다

우리는 불안과 두려움을 직면하지 않으려고 혼자임을 거부하기 쉽습니다. 그렇지만 어렵기는 해도 불안과 두려움을 직면하면 그만큼 나 자신을 선명하게 느끼게 됩니다. 침묵과 고독 속에서 자기 자신을 대면해도 불안하지 않게 됩니다. 이를 두고 독일의 유명한 영성가인 안젤름 그륀 신부는 '자신과 함께 머무를 수 있다'고 표현합니다.

왜 산티아고 순례를 가고 싶어 하는 분들이 많을까요? 혼자 그 먼 길을 간다는 것 자체가 도전이어서 그러는 분도 있겠지만 그보다 더 중요한 이유가 있는 듯합니다. 그 길에서 자기 자신을 만나고 싶은 거죠. 조용히 혼자서 긴 시간 걷다 보면 진정한 자기 자신을 만날 수 있다고 생각하는 데는 이유가 있습니다. 자신 안에서 이런저런 생각이 올라오고 가라앉고 올라오고 가라앉고 하다 보면 '가짜 나'에서 올라오는 소리는 잦아들고 '진짜 나'에서 올라오는 소리가 명징하게 느껴질 수 있기 때문입니다.

실존철학에서는 인간이 기본적으로 '불안에 처해 있다'고 말합니다. 사실 죽음을 의식하는 인간은 근본적으로 불안을 피할 수 없습니다. 그래서 실존철학자들은 불안이라는 기분을 인수해야만 불안이라는 기분을 제대로 극복할 수 있다고 주장합니다. 『아침에는 죽음을 생각하는 것이 좋다』의 저자 김영민 교수는 책 프롤로그에 이렇게 썼습니다.

나는 어려운 시절이 오면, 어느 한적한 곳에 가서 문을 닫아 걸고 죽음에 대해 생각하곤 했다. 그렇게 하루를 보내고 나면, 불안하던 삶이 오히려 견고해지는 것을 느꼈다. 지금도 삶의 기반이 되어주는 것은 바로 그 감각이다. 생활에서는 멀어지지만 어쩌면 생에서 가장 견고하고 안정된 시간. 삶으로부터 상처받을 때 그 시간을 생각하고 스스로에게 말을 건넨다. 나는 이미 죽었기 때문에 어떻게든 버티고 살아갈 수 있다고.

이는 실존철학자들이 말하는 불안을 인수하는 한 사례라고 할 수 있습니다.

저도 삶의 고통이 심했을 때 '죽는 것도 괜찮겠다'는 생각을 한 적이 있습니다. 그런데 그렇게 중요한 결정을 함부로 하면 안 될 것 같은 느낌이 들었습니다. 무엇보다 제 죽음을 슬퍼할 사람들이 있었기에 별 노력도 안 해보고 죽으면 안 될 것 같았습니다.

그래서 '1년을 죽었다 생각하고 살아본 뒤 그래도 죽고 싶으면 죽자'라고 생각했습니다. 스스로 죽었다고 생각하고 사니 그렇게 무서울 큰일도 별일도 없다고 느껴졌습니다. 그렇게 살다 보니 '1년 뒤에 다시 생각하겠다'는 결심마저 잊고 어느새 저는 열심히 살고 있었습니다.

죽음은 엄정하고도 피할 수 없는 사실인데 죽음으로부터 도망가면서 불안이라는 기분을 인수하지 않으면 불안을 느끼지 않으려는 노력으로 자기 삶을 채우게 됩니다.

피할 수 없다는 것을 잘 알기에 오히려 더 피하고 싶어집니다. 혼자 있기가 무서워 자꾸만 다른 사람을 옆에 두려 하고 무언가 자신을 마취시킬 것을 찾게 됩니다. 공허감과 고독감을 회피하려고만 하면 자기 자신으로 살아가지 못하게 됩니다.

인생이 담배 연기보다도 더 허무하지만

혼자이길 너무 두려워하면 혼자가 아니기 위한 몸부림으로 인생을 채우게 됩니다. 그런데 문제는 혼자가 되지 않기 위한 삶을 살다 보면 자기 자신을 잃게 된다는 것입니다. 죽음에 대한 직면이 중요한 이유는 바로 이 때문입니다.

적적함 속에서 고요히 자신을 느껴보면서 자신 안에 있는 '죽음에 대한 두려움'을 직면하기는 정말 어렵습니다. 그러나 이 과정을 통과해야 나 자신으로 사는 것을 시작할 수 있습니다.

죽음에 대한 두려움을 직면하면 자기 마음을 들여다보는 능력이 생깁니다. 가장 두려운 것을 직면했기에 내 마음을 찬찬히 들여다볼 수 있게 되는 것입니다. 두려운 것에서 도망가는 데 에너지를 쓰지 않게 되기 때문입니다. 이를 설명하려면 제 경험부터 먼저 얘기하는 것이 좋을 듯합니다.

마음의 서랍에 넣어둔 물음, '살아간다'가 뭐지?

제가 중3 때 생물 선생님이 수업하러 들어오셔서 "여러분, '살아간 다'가 뭐예요?" 하셨습니다. 저는 그 말씀에 '살아간다가 살아간다 지 뭐긴 뭐야…' 하며 의아하게 생각했습니다. 그런데 교실 뒤쪽에 앉아 있던 키 큰 남자애가 "죽어간다요!" 했습니다. '어, 죽어간다 맞네?'

이 자각은 제 존재를 흔들었습니다. 아이들은 매우 소란스러웠고, 선생님은 칠판을 향해 서시면서 "그래, 살아간다는 건 죽어간다는 거지" 하셨습니다. 그러고는 칠판에 '세포의 생성과 소멸' 뭐 이런 단원 제목을 쓰셨습니다.

그 뒤 몇 주 동안 너무 심란했습니다. '도대체 죽어야 한다면 우리 는 왜 살고 있는 거야' 하는 의문이 가슴을 쳤습니다. 오늘도 누군가 는 태어나고 누군가는 죽을 텐데 모두 아무 일 없다는 듯 살아가는 게 신기했습니다.

그러나 고민한다고 답이 나오지 않았고, 그 물음을 견디는 것 자체가 너무 힘들었습니다. 세상은 죽음이라곤 존재하지 않는다는 듯이, 죽음은 늘 남 얘기란 듯이 멀쩡히 돌아가는데 나 혼자, 웬만하면 죽지도 않을 나이에 그 고민을 끌어안고 있기가 힘들었습니다.

그러면서 두 가지를 깨달았습니다. 이렇게 계속 심란해하다가는 공부를 못해서 대학에 가지 못할 것이라는 점, 지금 이 문제를 고민해봐야 현재의 나로서는 제대로 된 답을 찾기 어려울 것이라는 점이었습니다.

그래서 그 문제는 판단을 유보한 채 대학생이 된 다음에 본격적으로 고민해보기로 마음먹었습니다. 그렇게 저는 이 물음을 마음의 서랍에 넣고 서랍을 닫는 데 성공했습니다.

대학생이 되자 문득문득 마음의 서랍에 넣어둔 질문이 고개를 들었지만 그 서랍을 열기가 두려웠습니다. 다시 또 심란해질 게 뻔했고, 여전히 답을 모르니 감당하지 못하겠다는 생각이 들었기 때문입니다.

대학생이 되었으니 본격적으로 그 문제를 다루어야 한다는 마음도 한편으로 있었지만, 감당이 되지 않을 듯해서 차마 마음의 서랍을 열 수 없었습니다. 제 마음이 가능한 한 그 서랍이 안 열리게 힘을 다해 막았던 듯합니다.

그 마음의 서랍이 열렸다가는 우울해서 아무것도 하지 못할 것 같았습니다. 그때를 돌이켜보면, 불안을 이기려고 애쓰는 중에는 생각을 제대로 할 수 없었습니다. 마음의 에너지가 불안을 이기는 데 집중되다 보니 내가 나를 바라볼 수 없었지요.

대학교 졸업을 앞두고 현실적으로 어려움이 있는데도 철학과 대학원 진학을 결정했습니다. 아르바이트를 하며 대학원 등록금을 벌던 어느 날, 말 그대로 노상강도를 만났습니다. 그 강도는 안경을 쓴 제 얼굴을 주먹으로 때리고 그날 여러 군데서 받은 알바비를 빼앗아 갔습니다.

저는 피를 철철 흘리며 집으로 돌아왔고, 지혈이 안 되는 바람에 코와 눈 사이를 몇 바늘 꿰매야 했습니다. 그 일로 몇 날 며칠을 아무것도 하지 못하고 누워만 있었습니다. 놀란 가슴을 진정시키기 바빴고 현실이 믿기지 않았습니다.

강도를 만난다는 것은 드라마, 뉴스에나 나올 일이지 나에게 일어날 일은 아니었습니다. 그러면서 '암에 걸려도 이렇겠구나! 암에 걸리는 사람도 암은 드라마에나 나오는 이야기인 줄 알았다가 어처구니없이 당하는 느낌이 들겠구나' 하는 생각을 했습니다. 그러다가 갑자기 이런 생각이 들었습니다. '만약 그 강도가 얼굴을 때리지 않고 등 뒤에서 칼을 꽂았다면 어떻게 되었을까?'

여기까지 생각이 미치자 나를 감싸고 있던 무언가가 와장창 깨져 나가는 느낌이 들었습니다. 그동안 내 주변에 있었지만 미처 의식하지 못한 유리벽 같은 것이 완전히 깨지는 느낌이 들었습니다. '삶은 이토록 위태로운 것이었구나!'

현실에는 아무런 변화가 없었지만 그 유리벽이 깨지자 저는 쉴 새

없이 가슴을 때리는 의문에 어찌할 바를 몰랐습니다. 모든 사람이 마치 죽음이란 존재하지도 않는다는 듯 집단마취에 빠져 사는 것이 아닌가 싶었습니다.

그때 닫아두었던 마음의 서랍이 열리고 말았습니다. 제 힘으로는 그 서랍을 닫을 수 없었습니다. 세상이 너무 무섭게 느껴지고 무얼 해야 할지도 몰랐습니다. 세상이 더는 안전한 곳이 아니라고 느껴지면서 어떻게 해야 할지 몰라 막막했습니다.

'어떻게 살아야 하지? 무얼 믿고 살아야 하지?' 이 물음은 너무 무거웠습니다. '담배 연기보다 더 허무한 인생을 도대체 어떻게 살아야 한다는 거지?' 인생이 담배 연기보다 허무할 수 있음을 깨닫고 난 다음부터는 어떻게 살아가야 할지 알 수 없었습니다. 철학과 대학원조차 왜 가야 하는지 모르겠다는 생각이 들었습니다.

근원적으로 '어차피 죽을 인생을 나는 왜 살아야 하는가?'에 대한 답을 찾을 수 없었습니다. 결국 죽을 거라면 고생고생하면서 살 필요 없이 일찍 죽는 것도 괜찮겠다는 생각까지 들었습니다. 사는 게 너무 피곤해 보였고, 계속 산다고 해서 좋은 꼴을 볼 수 있을 것 같지도 않았습니다.

그러나 나만 힘들게 사는 게 아닌데 이 삶을 놓아버리면 가족은 더 힘들게 살 것이 뻔했습니다. 내 가족이 죽는다고 생각하면 가슴이 찢어질 것 같은데 다른 가족에게 제 죽음도 그러할 것이었습니다. 가족에게 보탬이 되지는 못할망정 가족 가슴에 멍이 들게 해서

40

는 안 된다는 것이 더욱 분명했습니다.

그렇다면 저는 이 삶을 살아내야 했습니다. 그래서 담배 연기보다 허무해 보이는 삶을 나는 어떻게 살아내야 하는지 깊이 고민할 수밖에 없었습니다.

'죽어가는 삶'이라는 진실을
딛고 서서

어차피 살아야 한다면 도대체 어떻게 살아야 하는가 하는 질문을 안고 가장 기본으로 돌아가서 저 자신에게 물었습니다. '은미야, 너는 뭘 할 때 행복하니?' 담배 연기보다 허무한 인생이라도 이왕 살 거면 행복하게 살고 싶었습니다.

며칠을 고민하고서 '공감할 때 가장 행복해'라는 대답을 얻었습니다. 그리고 다시 물었지요. '그럼 너는 어떤 방식으로 공감하면서 살아갈래?' 이 질문에 막혀서 또 시간이 흘러갔습니다.

명쾌한 답을 얻을 수 없었던 저는 배운 게 도둑질이라고 도서관을 가는 것밖에 할 수 있는 게 없었습니다. 어디서도 답을 찾을 수 없으니 책이라도 읽어야겠다 싶었습니다. 철학과 대학원 준비 때문에 읽고 싶었으나 미뤄두었던 책들을 읽으며 하루하루를 보냈습니다.

그러다가 좋아하는 작가인 헤르만 헤세의 수필집 『사랑할 수 있는 사람은 행복하다』를 만났습니다. 거기서 마음을 치는 구절을 읽었습니다. "이 세상에 대한 사랑을 사상이라는 그물로 엮는 철학자는 행복하다."

'그렇지, 내가 이 행복을 원해서 철학을 하고 싶었던 거구나!' 저 자신도 의식하지 못했던 사실을 깨달은 것입니다. 그랬습니다. 당시 취직이 잘되는 행정학과를 졸업하고서 박사학위를 받아도 교수가 되는 것이 거의 불가능하다는 사실이 분명해진 시점에 저는 '철학과 대학원 진학'이라는, 누가 봐도 무모한 결정을 했습니다. 현실적 고려는 없이 그냥 한 번 사는 인생에 철학 공부는 꼭 해보고 싶다는 열망만으로 한 선택이었습니다.

인생은 담배 연기보다 더 허무하니 인생에서 엄청난 걸 기대할 수는 없었습니다. 결국 우리는 모두 죽고야 맙니다. 그렇지만 그렇다고 해도 어차피 태어났고 일부러 죽을 수는 없으니 그 인생에 충실해보는 것도 나쁘지 않다고 생각했습니다. 그리고 이 방법 말고 다른 뾰족한 수도 없었습니다. 인생이 허무하다고 해서 인생을 내팽개쳐 봐야 더 큰 고통만 느낄 뿐일 테니까 말입니다.

인생이 담배 연기보다 허무하지만 그 담배 연기에 충실해보기로 했습니다. 헤르만 헤세의 말을 접하면서 '공감할 때 행복한 내가 철학을 통해 인간을 전반적으로 이해하면서 그 이해에 기반을 두고 이 세상을 사랑하면 되겠구나' 하는 깨달음이 왔습니다. 바로 이것이 제 평생을 지탱해준 깨달음입니다(이 세상을 사랑한다는 표현이 조금 민망하기는 하지만).

　이후 저는 지난한 과정을 거쳐 철학박사 학위를 받았습니다. 등록금과 생활비를 스스로 마련하는 것은 물론이고 때로는 부모님 병간호를 해야 했고, 때로는 부모님 병원비와 생활비를 감당해야 했습니다. 어려운 길이었지만 그 길을 버틸 수 있었던 것은 내가 왜 사는지가 분명했기 때문입니다.

죽음을 대하는 태도를
분명히 하면

인간은 기본적으로 자기보존의 원칙에 입각해 판단할 수밖에 없는 존재입니다. 그렇기에 죽음의 문제를 제대로 생각해보지 않는 사람은 삶의 의미와 관련한 판단을 할 줄 모르게 됩니다. 어떤 분의 얘기를 들었습니다. 그분은 심근경색을 앓고 죽을 뻔한 경험을 한 후 삶이 180도로 바뀌었다고 합니다. 예전에는 뭐든지 아까워만 하고 베풀 줄 모르던 분이었는데, '죽으면 다 쓸모없다'며 주변 사람에게 베풀 줄 아는 분으로 바뀌었고, 다른 사람들에게 한 번이라도 더 웃어주는 사람이 되었다고 합니다.

죽음에 어떤 태도를 취할지는 각자 고민해서 선택할 문제입니다. 결국 이를 고민하는 과정이 내가 어떻게 살지를 결정하는 과정이 됩니다. 물론 답은 '나답게 산다'는 것입니다.

　문제는 '나다움'이 뭔지 모른다는 데 있습니다. 내가 나인데도 나를 알기가 어렵습니다. 나와 나 사이에는 거리를 확보할 수 없기에 나를 보기가 어렵습니다. 내가 원하는 게 무엇인지 분명히 알기도 어렵습니다.

나다움에 도움이 되는 선택,
나다움에 도움이 되지 않는 선택

때로는 '나다움'을 다른 사람이 더 잘 아는 것처럼 느껴지기도 합니다. 누군가가 "그래, 너답다!"라고 말해주면 "나다운 게 뭔데?"라고 묻게 됩니다. 나도 모르는 나다움을 그 사람은 아는가 싶어서입니다. 철학적으로 보면 충분히 그럴 수 있습니다. 왜냐하면 '나' 자신은 나에게 대상이 되지 못하기 때문입니다. 눈이 눈을 볼 수 없는 것과 마찬가지입니다.

　책을 읽더라도 책과 나 사이에 거리를 두어야 글자가 시야에 잡힙니다. 그런데 나와 나 사이에는 거리를 둘 수 없습니다. 그러니 나 자신을 인식할 수 없는 것이죠. 자기 눈으로 자기 얼굴을 보려면 거울이 필요합니다. 자신의 맨눈으로 자기 얼굴을 볼 수 있는 사람은 아무도 없습니다.

그렇지만 타자는 내 눈에 완전히 객관화되어 포착됩니다. 그 사람이 못 보는 그의 무의식도 나에게는 보입니다. '아, 저 사람은 잘난 척하고 싶은데, 그것도 세련되게 하고 싶어 하는구나'까지도 느끼게 됩니다. 무의식은 자기가 보지 못하는 자기 모습이지요. 무의식은 자기가 보기 싫어하는 자기 모습이어서 의식 밑으로 내려가 스스로에게는 의식되지 않습니다.

그럼 스스로에게 의식되지 않고 보기 어려운 이유는 무엇일까요? 그런 자기 자신을 용납하기 어렵기 때문입니다. 그래서 마음의 소리를 들으라는 말이 어렵게 느껴집니다. 무의식을 느끼는 것 자체가 어려우니까요.

게다가 마음의 소리 중에는 들어야 할 소리가 있고 듣지 말아야 할 소리가 있어서 더 문제가 됩니다. 로마의 철인 황제 마르쿠스 아우렐리우스는 『명상록』에서 "'육체의 속삭임'에 귀 기울이지 말라"고 합니다. 본능에 굴복하지 말라는 소리이지요. 이렇게 말하는 이유는 분명히 자신이 원해서 선택했는데 그 결과가 자신을 평안하게 하지 않는 경우가 많기 때문입니다.

성질나는 대로 성질냈더니 누군가와 관계가 끊어지고 결국 그 사람과 관계가 끊어진 것을 평생 후회하기도 합니다. 하고 싶은 대로 행동했는데 그 결과가 나를 평생 옭아맨 경험이 모두에게 있습니다.

학창 시절에 공부가 하기 싫어서 안 했는데 지금 타임머신을 타고 돌아갈 수 있다면 스스로를 두들겨 패서라도 공부하게 만들겠다는 사람도 많지요. 하고 싶은 대로 한 선택이 나를 나답게 하는 데 도움이 되는 경우도 있고, 그렇지 않은 경우도 있습니다. 그래서 마음의 소리 중 어느 소리를 듣고 어느 소리를 듣지 말아야 하는지 결정하기가 어렵습니다.

우리는 어떤 행동을 할 때 그 행동의 의미와 결과를 모두 예측할 수는 없습니다. 그래서 항상 좋은 선택을 하기는 불가능합니다. 그 결과를 정확히 예측할 수 없으니까요.

그렇다면 결국 우리 선택은 본질적이어야 합니다. 본질적이어야 한다는 것은 결과에 좌우되는 선택이 아니어야 한다는 뜻입니다. 내가 원하는 결과가 나올 거라서 선택하는 것이 아니라 그 선택지 자체를 원해서 선택하는 것이죠.

본질적 선택과
비본질적 선택의 구분

저를 예로 들어 생각해보겠습니다. 만약 제가 행정학과를 졸업하고 교수가 되기에 철학보다는 행정학을 하는 것이 유리하다는 은사님들의 조언을 받아들여 행정학을 전공했다면 저는 어떻게 되었을까요?

기본적으로 공부를 좋아하기에 행정학 공부가 저를 소외시키지는 않았을 것 같기는 합니다. 저는 '행정계량분석' 같은 과목에서도 재미를 느꼈으니까요. 그렇지만 행정학 공부가 철학 공부만큼 저에게 충족감을 주지는 않았을 것 같습니다.

그리고 전임교수가 되는 결과가 나오면 이 선택이 별문제는 안 되겠지만 전임교수가 되지 않는 결과가 나왔다면 대학원 공부를 후회했을 것입니다. 그러니까 행정학 공부는 과정에서 만족할 수 있는 일은 아니었던 것입니다. 좋은 결과가 나오지 않으면 과정이 모두 부정되어 버리니까 말입니다.

만약에 제가 전임교수가 될 확률이 높다는 이유로 '행정학 공부도 싫은 것은 아니니' 하면서 행정학과 대학원에 갔다면 기대대로 전임교수도 되고 현실적으로 안정적인 생활을 했을지도 모릅니다. 그런데 그 삶에 제가 지금처럼 만족했을까 싶기는 합니다.

철학을 공부하는 과정보다 행정학을 공부하는 과정이 재미가 덜했을 테고, 만족감도 덜했을 것입니다. 제 인생이 무난하고 평탄해졌다고 느낄지는 모르지만 제 인생에 대해 가슴 설레며 '그래, 나 열심히 살았어' 하면서 무언가를 이루었다는 성취감을 느끼지는 못했을 듯합니다. 그래서 '이렇게 별 치열함 없이 살다가 가는 건가' 하는 생각을 저도 했을지 모릅니다.

무엇보다 대학원 공부를 버티지 못했을 것 같다는 생각이 들기도 합니다. 돈 벌면서 공부해야 하는 그 어려운 과정을 적당히 재미있는 공부를 하려고 버텨낼 수 있었을지 의문스럽습니다. 철학은 제

전부를 걸고 하고 싶었던 공부였기에 그 어려운 현실을 헤쳐 나왔던 것 같거든요.

무엇이든 과정에서 행복한 것이 중요합니다. 그러면 설사 자기가 원하는 결과가 나오지 않는다 하더라도 과정에서 행복했기에 그 시간을 후회하지 않을 수 있습니다.

본질적 선택은 과정에서 행복한 선택이고, 비본질적 선택은 결과를 바라고 하는 선택입니다. 따라서 비본질적 선택의 경우에는 좋은 결과가 나타나야만 만족하며, 결과에 따라 선택에 만족할 수도 있고 후회할 수도 있어서 행복을 계속 유예하게 됩니다. 게다가 안 좋은 결과가 나와도 선택을 되돌리지 못하니 불행감이 더 커집니다. 그래서 과정 자체에서 행복을 얻을 수 있는 본질적 선택을 해야 합니다.

죽음에 대한 태도를 분명히 할 때 무엇이 본질적 선택이고 무엇이 비본질적 선택인지 좀더 잘 구분할 수 있게 됩니다.

CHAPTER 2

•

우리는 '성공해야 한다' '목표를 이루어야 한다'는 압박감 속에서 하루하루 살아내느라 마음의 소리를 듣지 못한 채 쫓깁니다. 마음의 소리를 잘 들어서 나를 나답게 하는 선택으로 인생을 채워야 하는데도 말입니다. 우리 마음속에는 들어야 할 마음의 소리도 있고, 듣지 말아야 할 마음의 소리도 있습니다. 본연의 자기로부터 나오는 마음의 소리를 잘 들으면 점점 더 나답게 살 수 있습니다. CHAPTER 2에서는 마음의 소리를 제대로 듣는 법을 얘기합니다.

내
마음을
들여다보다

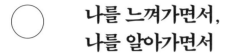

나를 느껴가면서,
나를 알아가면서

혼자 있는 것을 두려워하지 않게 되어야 자기가 자기 친구가 될 수 있습니다. 나의 가장 좋은 친구는 나입니다. 굳이 불러내지 않아도 늘 옆에 있기에 나는 나에게 타인보다 더 좋은 친구가 될 수 있습니다. 내가 비위를 맞출 필요도 없고, 배려하느라 머리 아플 필요도 없습니다. 나는 '나를 가장 잘 아는 가장 좋은 친구'입니다.

적막함을 회피하지 않으면서 나를 느껴가기 시작하면 나와 대화할 수 있습니다. '지금 내 마음이 왜 이렇지? 난 무엇을 피하고 싶은 거지? 정말 내가 원하는 것은 뭐지?' 이런 질문들이 점점 더 나를 알아갈 수 있게 해줍니다. 나는 내 어떤 점을 마음에 들어하지 않는지, 그리고 내 어떤 점을 은근히 좋아하는지도 알아가게 됩니다.

물론 이 과정이 쉽지는 않지만 이 과정을 거치지 않고는 자기 자신으로 살 수 없기에 꼭 통과해야 합니다. 자기 자신으로 살지 못하면서 행복한 사람은 없습니다.

자신의 잘못된 믿음을
봐내는 눈

인간은 자기 자신은 물론 아무에게도 도움이 되지 않는 잘못된 믿음을 놓지 못해 인생을 망치기도 하는 존재입니다. 자신의 잘못된 믿음을 봐내는 눈이 있어야 합니다.

다른 사람이 나를 무시한다고 믿는 경우를 생각해보죠. 사실 사람들은 생각보다 다른 사람에게 관심이 없습니다. 모두 각자 살아가기가 바쁘기 때문이지요. 그래서 굳이 나를 무시할 만큼 나에게 관심을 기울이는 사람도 사실 별로 없습니다. 그런데 그 와중에 굳이 누군가가 나를 무시한다면 그 사람에게는 나를 무시하고픈 마음이 있는 것일 터입니다.

그런데 그 사람에게 나를 무시하고픈 마음이 든 이유는 무엇일까요? 그 이유는 대부분 두려움 때문입니다. 자기 자신이 나보다 못난 사람일까봐 지레 겁내는 두려움입니다. 그런 두려움이 없는 사람은 누군가를 무시하는 데 관심이 없습니다. 그러니까 그 사람은 열등감으로 그러는 것이지, 내가 무시당할 만한 사람이어서 나를 무시하는 것이 아닙니다.

상대방이 무시하지도 않았는데 무시당했다고 느끼는 경우가 생각보다 많습니다. 무시하지도 않았는데 무시당했다고 느끼는 사람은 그만큼 무시당할까봐 두려워하는 것입니다.

이런 식으로 사람마다 잘못된 믿음을 가지고 있습니다. 사람마다 예민하게 반응하는 부분이 다 다릅니다. 대체로 예민하게 반응하는 이유는 자신만의 상처에 있습니다. 문학치료 관련 책으로 전미정 작가가 지은 『상처가 꽃이 되는 순서』에 있는 문장을 읽어볼까요.

> 사람들은 자신만의 특별한 경험을 가지고 산다. 그리고 특별한 경험은 대개 상처가 남긴 훈장이다. 그래서 학대받고 자란 사람은 버림받느냐 아니냐는 것에만, 콤플렉스를 갖고 성장한 사람은 열등이냐 우등이냐는 것에만, 사랑받지 못한 사람은 사랑이냐 아니냐는 것에만 전전긍긍하면서 살아간다. 집착할수록 마음 상하는 일이 적잖이 벌어지는데도 모든 에너지를 거기에 쏟아버리고 만다. 단 한 번도 반성해볼 시도조차 하지 않은 채로.

학대받은 사람은 누군가가 자신을 학대하지 않을까 하는 두려움에 휘말려 살아가고, 콤플렉스를 갖고 성장한 사람은 자신이 누군가에게 열등하게 여겨질까봐 두려워하며 살아갑니다. 사랑받지 못한 사람은 자신을 사랑해줄 사람을 끊임없이 찾습니다.

　이런 식으로 사람마다 각각 자기 인생 경험에 따라 맺힌 마음이 다릅니다. 그래서 내가 어디에 어느 정도로 맺힌 사람인지를 아는 것이 중요합니다. 맺힌 마음이 전혀 없는 사람은 없습니다. 우리 인생의 과제는 어쩌면 이 맺힌 마음을 풀어가는 것인지도 모릅니다.

각자의 해석 방식이
경험을 구성한다

우리가 인생에서 경험하는 모든 것이 자기 자신을 구성합니다. 그런데 일어나는 일을 어떻게 해석하느냐는 각자 다르기에 같은 일을 겪는다고 해서 같은 경험을 한다고 보기는 어렵습니다. 각자 해석하는 방식이 경험을 다르게 형성하기 때문이지요.

　위 인용문의 마지막 부분 "단 한 번도 반성해볼 시도조차 하지 않은 채로"를 다시 볼까요. 반성은 돌이켜 생각하는 것입니다. 단 한 번도 반성해볼 시도조차 하지 않는다는 것은 그만큼 자기 마음을 들여다보지 않는다는 것입니다. 우리는 보통 자기 마음에 딸려 가기 바쁘지 자기 마음을 들여다보지는 못합니다. 그래서 마음에 빠져 있어서는 안 된다고 얘기하는 것입니다.

위 인용문의 나머지 부분을 볼까요? 상대방이 나를 사랑하는지 안 하는지를 끊임없이 의심하면서 확인하려 들면 상대방은 가지고 있던 사랑마저 사라지는 느낌을 받게 됩니다. 자신에게 그렇게 집착하는 것이 부담스러워지기 때문입니다. 그래서 오히려 상대방에게 집착할수록 상대방이 달아나는 경험을 자주 하게 됩니다. "집착할수록 마음 상하는 일이 적잖이 벌어지는데도"라는 표현이 나오는 이유입니다.

자기 마음을 정확히 모를 때 우리는 자신이 원하는 결과를 가져올 행동을 하지 못합니다. 자기도 모르게 자신의 경향성에 따라 행동하지만 그 경향성에 따른 행동이 원하는 결과를 가져다주지는 않습니다. 그러니까 자신의 경향성을 파악하고 자기 행동이 타인에게 미치는 영향을 파악하면서 어떤 행동이 내가 원하는 결과를 가져올지 냉정하게 파악할 수 있어야 합니다.

알베르트 아인슈타인은 "하던 대로 하면서 다른 결과가 나오기를 기대하는 것은 정신병 초기 증세이다"라고 했습니다. 하고 싶은 대로 하면서 원하는 결과가 나오기를 기대하는 것은 소망적 사고입니다. 근거 없이 믿고 싶은 대로 믿는 소망적 사고는 문제의 원인을 제대로 파악하지 못하기 때문에 문제를 해결하지 못합니다.(소망적 사고를 극복하는 방법은 전작 『아주 일상적인 철학』에 자세히 서술했습니다.)

자신도 모르게 자신의 경향성에 따라 행동하며 원하지 않는 결과가 나옴으로써 만족스럽지 못한 삶을 살게 되는 경우가 많습니다.

그렇기에 자신이 원하는 결과가 나오도록 행동을 조정할 줄 알아야 합니다. 그런데 자신을 고쳐보려 노력하지만 어느새 옛날로 돌아가 있는 자신을 보면서 실망하는 때가 많은 것이 우리 경험입니다.

자신의 경향성을 거스르기는 어렵습니다. 자신의 경향성 중 어느 경향성을 따라야 하고 어느 경향성을 따르지 말아야 하는지도 판단하기 어렵습니다. 그러나 자신이 원하는 자기가 되기 위해 따라야 할 경향성과 거슬러야 할 경향성을 잘 파악하려고 노력해야 합니다.

거슬러야 할 경향성 중에는 그 사람이 가지게 되는 잘못된 믿음의 패턴이 있습니다. 사실 어떤 잘못된 믿음을 가지는 경향성이 있는지가 그 사람을 특정짓습니다. 이 잘못된 믿음을 가지는 경향성이 그 사람의 심리적 특징, 무의식적 특징입니다. 논리적으로 생각하려고 노력하면 자신의 심리적 특징과 무의식적 특징을 느끼고 알아가게 됩니다.

마음의 소리를
들으라고는 하는데…

저는 『진짜 나로 살 때 행복하다』를 쓴 이후 대중 강연을 많이 하게 되었습니다. 책 제목을 매력적으로 느끼는 분들이 자주 "그래서 선생님은 '진짜 나'로 살아서 행복하세요?"라고 물었습니다.

 그러면 저는 "제가 지금 완전히 '진짜 나'로 산다고는 말씀드리지 못하지만 작년보다는 올해, 그리고 지난달보다는 이번 달에 좀더 '진짜 나'로 살고 있다고 말씀드릴 수는 있어요. 그리고 진짜 나로 사는 만큼 행복하다고 느낍니다. 작년보다는 올해, 그리고 지난달보다는 이번 달에 더 행복합니다"라고 말씀드리곤 했습니다.

 제가 이렇게 대답한 것은 논리적으로 생각하려고 노력하며 제 심리와 무의식을 느끼면서 점점 더 저 자신을 알아가고 있기 때문입니

다. 또 그렇게 함으로써 본연의 마음을 배반하는 행동을 하지 않을
수 있게 되었기 때문입니다.

내 마음이지만 내 마음을 알 수 없다는
당혹스러움

마음은 만져지는 것도 아니고 꺼내서 볼 수 있는 것도 아니라서 다
알 수 없습니다. 내 마음은 내 것인데도 알 수 없어서 당황스러운 그
무엇입니다. 행복하고 싶은데 어떻게 해야 마음이 편하고 행복해지
는지를 알기 어렵습니다. 마음의 소리에 따라 살아야 할 것 같은데
마음이 어떻게 생겼는지도 모르니 마음을 어떻게 따를 수 있는지조
차 알 수 없습니다.

그런데 분명한 것은 마음과 분리된 행동을 하면 불편해진다는 것
입니다. 그래서 불편해지고 나서야, 즉 지나고 나서야 '그게 아니었
구나, 그렇게 하는 게 나에게 좋은 게 아니었구나' 하는 것을 느끼게
됩니다. 번번이 뒷북만 치는 기분입니다.

그렇습니다. 마음을 직접 파악하기는 어렵습니다. 나에게 가장 가
까이 있기에 직접 마음이 느껴지기는 하지만 마음에 거리를 둘 수
없기에 제대로 들여다볼 수 없습니다. 그런데 '이럴 때 내 마음이 이
렇구나, 저럴 때 내 마음이 저렇구나'를 자꾸 알아차리다 보면 마음

의 생김새를 점점 더 알게 되기는 합니다. '이런 일을 겪을 때 내가 이렇게까지 마음 상할 줄 몰랐고 저런 일에 그렇게 좋아할 줄 몰랐다' 등의 경험을 하면서 마음의 생김새를 알아가는 것입니다.

저는 '살아간다=죽어간다'라는 무거운 진실을 회피하지 않게 되면서 점점 마음을 들여다보게 되었습니다. 죽음을 회피하는 마음을 가라앉히니 고독을 피하려는 저 자신을 보게 되었습니다. 그러면서 인간이 얼마나 혼자인 것을 싫어하는지, 혼자를 피하고자 하는지를 깨달았습니다.

그런데 어차피 혼자일 수밖에 없는 인생임을 철저히 받아들이고 나니 점점 더 저 자신에게 친구가 될 수 있었습니다. 그리고 마음이 저 자신을 속이려 드는 것을 조금 더 예민하게 파악하게 되었습니다. 속이려 든다는 것은 당장 편리한 거짓에 안주하게 만든다는 것입니다.

마음이 왜 그렇게 되는지 내가 모른다고 해서 마음이 그렇게 되는 이유가 없는 것은 아닙니다. 언제나 자기 마음이 그렇게 되는 이유를 잘 파악하는 것이 중요합니다. 마음은 편리한 결론에 안주하려고 놀랍도록 교묘하게 스스로를 속입니다. 자기 정당화를 합니다. 예를 들어 자신이 잘못했으면서 타인이 잘못했다는 식으로 정당화하는 것이지요.

마음이 움직이는 이유에는 의식적 차원에서 파악할 수 있는 것도 있고, 파악할 수 없는 것도 있습니다. 의식적 차원에서 마음이 움직이는 것을 알기는 쉽지만 무의식적 차원에서 마음이 움직이는 것을 알기는 어렵습니다. 그런데 무의식적 차원의 이유를 아는 데도 의식적 차원의 이유를 아는 것이 도움이 되기에 의식적 차원의 이유부터 파악해볼 필요가 있습니다.

'왜 나는 그 사람의 존재 방식이 힘들지?'를 자문해봐야 한다

내 마음의 생김새를 느껴보는 기회 중 중요한 것이 다른 사람의 존재 방식과 내 존재 방식의 차이를 경험하는 것입니다. 타인의 존재 방식이 낯설 때 나와 그 사람의 차이를 느끼게 됩니다. 이러한 차이를 접할 때 '저 사람 참 이상한 사람이야' 하면서 자기중심적 인식을 해 버릇하면 내 마음의 특징을 느끼지 못하게 됩니다.

누군가가 나를 힘들게 할 때 '왜 나는 저 사람의 존재 방식이 힘들지?'라고 자문해봐야 합니다. 그래야 내 마음의 생김새를 느낄 수 있습니다. 이것이 바로 마음에 맞지 않는 타인을 만나면서 우리가 얻을 수 있는 것입니다.

우리는 타인을 만나면서 그 사람이 지닌 마음의 특징을 알게 됩니다. 그러면서 또 내 마음의 생김새를 느끼게 됩니다. '그 사람 이상한 사람이야' 하면서 편리하게 낙인을 찍어버리면 우리는 다른 사람의 존재 방식에 화만 내는 사람이 되기 쉽습니다. 그런데 이는 내 우물을 넓힐 좋은 기회를 스스로 포기하는 것입니다.

우리는 다른 사람과 갈등하면서 그 사람과 나의 공통점도 알게 되고 차이점도 알게 됩니다. 그 사람이 나와 다른 선택과 행동을 한다고 해서 잘못된 사람이라는 보장은 없습니다. 그 사람에게는 그 사람의 존재 방식이 있으니까요.

설사 그 사람의 존재 방식이 다소 문제가 있다 해도 그 사람의 존재 방식을 이해하려고 노력해볼 필요는 있습니다. 세상에는 존재 방식에 문제가 있는 사람도 꽤 많거든요. 그런 사람을 두고 화를 내면 나만 손해입니다. 그런 사람도 어느 정도 이해해야 그런 사람으로 인한 스트레스를 덜 받습니다. 어쩔 수 없이 우리는 그런 사람들과 더불어 이 세상을 살아야 하니까요. 문제 있는 사람의 문제행동 발생 빈도를 낮추기 위해서라도 그 사람을 이해해보려는 노력은 필요합니다.

우리는 다양한 사람과 공통점·차이점을 느껴보면서 전체적으로 인간에 대한 이해를 높이고 나 자신에 대한 이해를 높일 수 있습니다. 사람은 똑같은 것 같으면서도 다릅니다. 비슷하다고 하기에는 다르고, 다르다고 하기에는 너무 비슷합니다. '사람 다 거기서 거기'라는 말이 실감될 때도 많지만 '십인십색'이라는 말이 실감될 때도 많습니다. 나에게는 다른 인간과의 공통점도 있지만 나만의 독특함도 있습니다.

다른 사람과의 관계에서
내가 틀린 측면을 생각하려 노력해야

갈등은 내 마음과 상대방 마음을 알게 되는 좋은 기회입니다. 내 생각과 마음이 전개되는 방식과 상대방의 생각과 마음이 전개되는 방식을 알게 되는 기회입니다. 다른 사람의 생각과 마음이 전개되는 방식을 보면서 그 사람과 나의 차이를 알게 됩니다. 이 차이로 나 자신을 더 잘 알게 됩니다.

비교되기 때문에 내 특징을 파악하게 되는 것입니다. 그래서 상처받지 않고자 밀도 있는 관계를 맺으려 하지 않으면 자기 자신을 알게 되는 기회를 많이 놓치게 됩니다.

다른 사람과의 관계에서 내가 틀린 측면을 생각하려 노력하면 조금 더 참된 인식을 하게 됩니다. 이런 식으로 내 생각이 타당할 가능성과 타당하지 않을 가능성을 동시에 균형적으로 고려하려고 노력하다 보면 자신의 인식이 왜곡되는 패턴이나 다른 사람과 갈등을 일으키는 패턴을 알게 됩니다. 이 패턴은 나의 심리적·무의식적 특징과 연관됩니다.

다른 사람과 갈등을 겪을 때 상대방이 잘못한 것에만 집중하면 이 패턴을 알기가 어렵습니다. 이 문제에서 그 사람의 잘못은 뭐고 내 잘못은 무엇인지 생각해보아야 합니다. 그러면서 가능한 한 자기 잘못을 더 생각하려 노력하다 보면 자신이 인간관계에서 반복적으로 하는 잘못을 깨닫게 됩니다.

사실 그 사람의 잘못은 그 사람이 고쳐야 하니 나는 내 잘못만 생각해보는 것이 낫습니다. 물론 자연적으로 내 생각은 그 사람 잘못쪽으로 가겠지요. 그런데 상대방 잘못에만 빠져 있어봐야 나와 그 사람의 관계만 나빠질 뿐입니다. 그리고 그 사람에 대한 은밀한 우월감을 느끼고 싶은 내 욕구를 충족하게 될 뿐이죠.

이 경우 그 사람과 관계를 포기할 거라면 앞으로 그런 사람을 만났을 때 내 경계를 어떻게 지킬지 잘 생각해두면 됩니다. 그렇지만 그 사람과 관계를 포기할 마음이 없다면 그 사람의 잘못으로 가는 내 눈을 '내 잘못을 보는 눈'으로 바꾸어야 합니다.

나는 내 잘못을 모두 볼 수 없습니다. 갈등이 있을 때 나는 그 사람의 잘못을 확대해석할 수밖에 없습니다. 그러니까 내 잘못은 내 생각보다 크고, 그 사람의 잘못은 내 느낌보다 작을 것입니다. 내 눈이 그 사람의 잘못에만 꽂힐 것이기에 일부러 내 잘못을 생각하려고 노력해야 균형 잡힌 인식을 할 수 있습니다. 그래야 그 사람을 미워하는 마음의 에너지를 줄일 수 있습니다.

그리고 '그 사람이 잘못했다'에 초점을 맞추지 말고, 그 사람은 어떤 마음과 생각으로 그렇게 행동했을지를 생각해보는 것이 좋습니다. 그러면 그 사람을 좀더 이해하게 되고, 그 사람을 이해하는 만큼 인간을 이해하게 되며, 인간을 이해하는 만큼 나 자신을 잘 알 수 있습니다.

우리는 갈등을 겪을 때 '그 사람이 틀렸다'고 화내느라 그 사람이 그렇게 행동한 이유를 파악하지 않는 경우가 많습니다. 그러나 이는 갈등을 겪고 나서 얻을 수 있는 지혜를 포기하는 행위입니다.

우리는 갈등하는 과정에서 상대방 프레임을 내 프레임과 합쳐 더 큰 프레임으로 나아갈 수 있습니다. 더 큰 우물을 가지게 되는 것이죠. 더 큰 프레임으로 세상을 보면 이전에는 이해되지 않았던 것이 이해되어 조금 더 마음의 평화를 얻게 됩니다.

내가 얼마나 논리적으로 생각하지 못하는지를 느껴봐야 내 마음을 알 수 있다

마음은 논리, 심리, 무의식의 차원에서 살펴볼 수 있습니다. 내 마음을 들여다보는 것은 곧 내가 논리적 사고를 어느 범위까지 하는지, 어느 지점에서 논리적 사고가 무력해지고 심리적 특징과 무의식적 특징의 영향을 받는지를 살피는 것입니다.

논리적으로 생각하려 노력할수록 자신이 얼마나 논리적으로 생각하지 못하는지 느끼기 마련입니다. 논리적으로 생각한다는 것은 근거를 바탕으로 생각한다는 것입니다. 그런데 우리는 자신이 옳은 이유를 생각하는 능력은 좋지만 자신이 틀린 이유를 생각하는 능력은 떨어집니다.

그래서 생각을 잘하려면 무엇이든 그것이 타당할 가능성과 타당하지 않을 가능성을 동시에 균형적으로 고려하는 훈련을 해야 합니다. 예를 들어 갈등에 처했을 때 내가 타당할 가능성에만 매몰되는 것이 아니라 상대방이 타당할 가능성도 생각해야 합니다. 또한 상대방이 타당하지 않을 가능성에만 매몰되는 것이 아니라 내가 타당하지 않을 가능성도 생각해야 합니다.

이렇게 생각하는 연습을 자꾸 하다 보면 내가 얼마나 논리적으로 생각하지 못하는지도 자연스럽게 느끼게 됩니다. 그래서 스스로 논리적이지 않다고 느낀다는 것은 사실 그만큼 논리적이려고 노력한다는 의미가 됩니다. 정말 비논리적인 사람은 자신의 비논리를 파악하지 못합니다.

인간은 스스로에게 논리를 적용하기를 어려워합니다. 타인에게는 그리도 예리한 논리의 칼날을 들이대면서 자기 자신과 관련한 문제에는 논리를 제대로 작동시키지 못합니다. 그렇지만 자신의 무의식을 알기 위해서라도 자신이 타당할 가능성과 타당하지 않을 가능성을 동시에 균형적으로 고려하는지를 습관적으로 자문해야 합니다.

그래야만 자신이 논리를 잘 작동시키는 영역과 잘 작동시키지 못하는 영역을 파악하면서 자기라는 존재의 특징을 파악하게 됩니다. 심리학에서는 바로 이 '우리 마음 안의 경향성'을 파악합니다. 심리의 경향성을 알면 심리가 논리에 미치는 영향을 파악하게 됩니다.

내 심리를 알기 위해서도 타인과 대화하는 것이 중요합니다. 대화하면서 우리는 상대방의 심리적 특성을 이해하게 됩니다. 그리고 타인의 심리적 특성을 느끼는 만큼 내 심리적 특성도 느끼게 됩니다. '저 사람과 나는 이런 측면에서 같구나, 저런 측면에서 다르구나' 하는 것을 알아가며 자신과 타인의 심리적 특성을 인식하게 됩니다. 이런 노력 속에서 점점 더 마음의 소리를 들을 수 있게 됩니다.

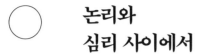

논리와
심리 사이에서

자기 자신과 관련해서는 논리가 작동하기 어렵다는 것을 확인하고 나서 저절로 제 관심은 철학, 심리학, 정신분석학, 뇌과학에 걸치게 되었습니다. 마음에는 생각, 감정, 의지, 무의식 등이 뒤엉켜 있습니다. 논리는 마음이 돌아가는 원리의 아주 일부분입니다(그렇지만 생각의 힘은 아주 세지요). 당연히 내가 나를 알려면 내 마음의 움직임을 알아야 합니다.

　마음의 움직임을 설명한 학문이 바로 심리학과 정신분석학입니다. 자기 자신을 알아가려다 보면 이들 학문에 관심을 둘 수밖에 없습니다.

　그렇지만 심리학, 정신분석학만으로는 부족합니다. 자기 자신의 특징을 스스로 파악해야 하니까요. 내 마음의 움직임을 알아서 내가 원하는 삶을 살아 나가는 데는 성찰의 힘이 필요합니다.

나 자신에 대해서는
논리적 사고를 하지 못한다는 진실

인간은 이성적 존재이기에 사람들은 대부분 논리적 사고 능력을 갖추고 있습니다. 문제는 논리적 사고가 잘 작동하는 영역이 있고 그렇지 않은 영역이 있다는 것입니다. 타인에 대해서는 논리가 잘 작동하는데 자기 자신에게는 잘 작동하지 않습니다. 즉 타인이 논리적 사고를 하지 못하는 것은 잘 지적하면서 나 스스로는 내가 어디서 어떻게 비논리적 사고를 하는지 잘 알아채지 못합니다. 인간이 논리적으로 인식하기보다는 심리적으로 인식하기 때문입니다.

논리와 심리가 부딪칠 경우 심리에 따른 선택을 하면 원하는 결과를 얻을 수 없습니다. 논리적으로 생각하고 행동해야 자신이 원하는 결과를 얻는데 자꾸 논리를 비트는 심리에 딸려 가면 문제가 생깁니다.

논리를 비트는 심리에 딸려 가지 않으려면 먼저 자신이 심리에 딸려 가고 있다는 것을 의식해야 합니다. 그리고 이를 의식하려면 논리를 정확하게 적용하려고 노력해야 합니다. '나는 되고 남은 안 되고'의 이중논리를 해체하려고 노력해야 합니다. 심리를 무조건 억압하라는 것이 아니라 심리가 논리를 비틀고 들어오는 지점을 의식하고 조절해야 한다는 것입니다.

물론 자기 잘못을 너무 열심히 보면 개인에 따라서는 우울해질 수 있습니다. 인간은 자기고양적 편향(자신이 초래한 긍정적 결과를 과대평가하는 편향)이 어느 정도 있어야 자존감을 유지하며 살아갈 수 있으므로 자기고양적 편향을 완전히 없애는 것도 좋지 않습니다.(물론 현실적으로 자기고양적 편향을 완전히 없애는 것은 가능하지도 않습니다만.) 그래서 이 지점에서는 '내가 내 생각보다 잘못을 더 많이 할 테니 다른 사람 잘못에 너무 집중하지 말자' 정도로 타협하는 것이 좋습니다.

나의 자기정당화에만 빠져서 남들만 잘못한다고 생각하고 남들이 그렇게 잘못하는 통에 자신의 인생이 얼마나 억울한지에만 주목하는 인식은 1차적 인식입니다. 프랑스의 실존철학자 장 폴 사르트르가 말하는 즉자적(卽自的) 인식의 차원이지요.

그런데 내가 얼마나 자기정당화를 하는지를 생각하는 것, 즉 '그렇게 말한 것이 너무 내 입장에서만 말한 것은 아닌가' 하는 식으로 자기를 생각하는 것은 대자적(對自的) 인식의 차원입니다.

즉자적 인식에만 머무르면 살기가 편합니다. 존 스튜어트 밀이 말하는 배부른 돼지의 삶, 소크라테스가 말하는 음미되지 않은 삶에 가깝습니다. 남들만 자신에게 피해를 주고 자신은 전혀 잘못을 하지 않는다는 소설에 안주하는 삶이지요. 그러나 이는 인간으로서 바람직한 삶이라고 할 수 없습니다.

자신의 자기정당화를
끊임없이 해체하는 것

자신이 얼마나 자기정당화를 하는지를 보지 못할수록 타인의 자기정당화에 분개하게 되어 있습니다. 그래서 즉자적 차원에 머무르는 사람들이 그렇게 목소리가 클 수 있는 것입니다. 자기 잘못에 대해서는 한 치의 의심도 하지 못하니까 말이지요. 그리고 이것이 바로 세상이 시끄러운 이유이기도 합니다.

자기 잘못을 보는 사람은 목소리를 낮추고 자기 잘못을 보지 못하는 사람은 목소리를 높입니다. 그래서 세상에는 이상한 사람만 있는 것 같은 착각도 일어납니다.

자기 잘못을 의식하기는 쉬운 일이 아니지만 인간만이 할 수 있고, 인간이기에 해야 하는 일입니다. 인간은 비판적 사고로 자기정당화를 끊임없이 해체해나가야 합니다. 자신의 자기정당화를 해체하려고 노력하는 만큼 자기 마음을 들여다볼 수 있습니다. 논리적 인식을 활성화할수록 심리적 특징, 무의식적 특징을 의식하게 됩니다.

출발은 논리입니다. 논리라는 말을 부담스러워하고 힘들어들 하지만 정작 타인이 비논리적으로(한 입으로 두말하는 식으로) 말하면 스트레스를 많이 받게 됩니다. 인간은 생각보다 무척 논리적입니다. 다만 타인에게는 예리하게 논리를 적용하면서 자신에게는 제대로 논리를 적용하지 못할 뿐입니다.

그래서 타인에게 적용하는 예리한 논리를 나 자신에게도 적용하려고 노력하면 자신을 성찰하고 개선해 나갈 수 있습니다. 이러한 방식으로 성찰하느냐 하지 않느냐는 엄청난 차이를 가져옵니다. '소크라테스의 삶이냐, 배부른 돼지의 삶이냐'의 차이이지요.

타인이 한 입으로 두말할 때 나도 의식하지 못한 채 한 입으로 두말할 수 있음을 아는 것과 모르는 것은 차이가 있습니다. 내가 한 입으로 두말할 수 있음을 의식하면 가능한 한 한 입으로 두말하지 않으려 노력하게 됩니다. 그리고 타인이 한 입으로 두말할 때 그 사람도 의식하지 못한 채 그럴 수 있음을 받아들이는 힘이 생깁니다.

인간은 이성의 존재여서 논리적으로 생각하려고 노력할수록 자신이 어느 지점에서 논리적 사고를 하지 못하는지까지 파악할 수 있습니다. 타인에게 적용하는 예리한 논리를 나 자신에게도 적용하려고 노력해야만 나의 심리적·무의식적 특징을 파악하게 됩니다.

내 마음을
들여다본다는 것

"마음은 마주치고 싶지 않은 것을 숨긴다"라는 말이 있습니다. 자기 마음이 무엇을 숨기는 경향이 있는지 파악하는 것은 중요한 일입니다. 내 마음을 제대로 아는 것은 철학, 심리학, 정신분석학의 합동작전이 필요한 일입니다.

생각을 검토하며 자기 생각의 방향을 의식하다 보면 자신만의 생각 패턴을 감지하게 됩니다. 논리적으로 생각할수록 논리를 비틀고 들어오는 심리를 더 잘 알아차리게 됩니다. 그래서 생각 패턴의 저변을 관통하는 심리와 무의식을 감지할 수 있습니다. 이 과정은 아주 천천히 진행되지만 내 생각 패턴을 아는 것이 나를 아는 것의 출발점이기에 이는 꼭 통과해야 하는 과정입니다.

나의 생각 패턴을
의식하는 방법

'생각 패턴을 파악한다'는 것은 자신이 어떻게 생각하는 경향이 있는지 안다는 것입니다. '내가 이럴 때 이렇게 생각하는 경향이 있구나. 이 생각은 그리 논리적이지는 않은데 내가 이렇게 생각하는구나'를 깨달아가는 것이 생각 패턴을 파악하는 과정입니다.

나의 생각 패턴을 의식하는 방법에는 혼자서 자기 자신을 생각하는 시간을 가지는 것과 자기 마음에 대해 타인과 대화해보는 것이 있습니다. 혼자서 자기 자신을 생각하는 것은 죽음의 문제를 피하지 않고 적적한 시간을 가지는 것입니다.

마음을 어지럽게 하는 불안, 공포, 두려움의 실체는 죽음에 대한 두려움이기에 이 문제를 완전히는 아니더라도 어느 정도 정리해두어야 자기 자신과 대화할 수 있습니다.

다른 사람과 나누는 대화는 내 특징을 더욱 의식하게 만듭니다. 일단 내가 내 마음과 생각을 표현하면서 그러한 표현을 택하는 데서 다시 내 마음과 생각을 더 잘 느끼게 됩니다. 누군가에게 자기 자신에 대해 말하다가 그야말로 각성되는 경험을 한 적이 있을 것입니다. '아, 내가 이렇구나!' 하는 각성 말입니다.

상담에서도 상담 효과의 90%는 내담자가 말하면서 스스로 깨닫는 것이라고 합니다. 상담자의 해석이 가져오는 상담 효과보다 내

담자 스스로에 대해 말하다가 자기 자신을 파악하게 되는 효과가 크다는 것이죠.

대화는 일단 자기표현이어서 자기 자신을 알게 하는 효과가 있습니다. 나와 다른 사람의 차이를 느끼게 되므로 자기 자신을 알게 되는 것이죠. 동일한 상황에서도 어떤 사람은 무시당했다고 느끼고, 어떤 사람은 무시당했다는 느낌을 전혀 받지 않습니다. 이런 차이들에서 우리는 자기 자신의 특징을 알 수 있습니다.

타인은 늘 내 생각과 다른 얘기를 합니다. 이럴 때 '아, 너는 그렇구나' 하고 수용하면서 '너와 나는 이렇게 다르구나'로 깨달아가면 그 사람의 특징과 내 특징이 파악됩니다. 타인의 특징을 파악하면 나와 대비되기에 나를 더 잘 파악하게 됩니다.

그래서 속마음을 깊이 나누는 친구는 매우 소중합니다. 내 말을 알아듣는 사람도 사실 그리 많지 않습니다. 꺼내놓기 어려운 마음을 세밀히 나누다 보면 나라는 존재의 특징이 더 깊이 이해되는 경험을 하게 됩니다.

다른 사람에게 내 마음을 솔직히 털어놓으면 나만 그런 마음을 느끼는 것이 아니라는 연대감이 나에게 안정감을 줍니다. 그리고 무엇보다 내 마음을 털어놓을 때 내가 사용하는 표현을 보면서 다시 내 마음을 들여다보게 됩니다. '아, 내가 이런 표현으로 말하는구나'를 느끼다 보면 '큰 스트레스가 아니라고 생각했는데 사실은 스트레스를 많이 받고 있었구나' 하는 식의 자각도 하게 됩니다.

자기 자신에게 딸려 가는 것이 아니라
자기 자신을 의식해야

나에게 그렇게 생각하게 만드는 심리적 특징, 무의식적 특징이 바로 나라는 존재의 특징입니다. 그런데 '내가 지금 왜 이렇게 생각하지?' 라고 자신의 1차적 인식에 대해 생각하면 (즉 메타인지를 하면) '아, 내가 이런 심리적 특징, 이런 무의식적 특징이 있구나' 하면서 내 생각 패턴을 의식하게 됩니다. 인간은 상위 차원에서 보는 능력이 있기 때문입니다.

자신이 화내게 될 때 '내가 지금 정말 무엇에 화난 거지' 하고 반드시 자문해야 합니다. 화가 난 것에 딸려 가면서 화를 계속 내는 것과 화를 내는 자기 상태를 묻는 것은 차원이 다른 얘기입니다.

비판적 사고 전문가 리처드 폴과 린다 엘더는 "무엇보다 먼저 당신의 마음을 깨워야 한다. 당신의 마음을 이해하기 시작해야 한다. 당신 마음이 언제 문제를 일으키는지 보기 시작해야 한다"라고 말합니다.

자기 생각을 메타 차원에서 보다 보면 '이 생각은 마음의 영향을 받아서 논리적 결론이 아닌데도 믿고 싶은 결론의 방향으로 나아간 거구나. 이런 심리적 특징 때문에 그렇구나. 이런 소망 때문에 그렇구나. 이런 무의식 때문에 그렇구나' 하고 내 마음을 이해해갈 수 있습니다.

내 마음을 들여다보다

잘못된 믿음이 전혀 없는 사람은 없습니다. 그러나 심리적 문제가 있으면 잘못된 믿음이 잘못된 믿음임을 깨닫기가 어려워집니다. 그렇게 되면 문제가 심각해집니다. 여러분이 싫어하는, 자기만 옳다고 하는 이상한 사람이 될 위험성이 커집니다. 그래서 제가 '출발은 논리'라고 하는 것입니다.

자기 자신에 대해 논리적 일관성을 적용하려고 노력하는 경우와 일관성을 잃는 것에 아무 의식이 없는 경우는 자기 자신을 아는 정도가 아주 다르게 됩니다. 일관성을 잃는 것에 관심이 없으면 자기 자신을 정당화하는 데만 빠져 있기가 쉽습니다.

상대방이 틀린 이유를 생각하는 쪽으로만 생각을 가져가지 않을수록, 믿고 싶은 결론에 안주하는 자기정당화에 빠지지 않으려고 노력할수록 내 심리적 특징, 무의식적 특징을 볼 수 있습니다. 그리고 내 심리적 특징, 무의식적 특징을 보면 볼수록 그 '나의 심리적 특징, 무의식적 특징'에 딸려 가는 힘이 약해집니다.

'내가 이런 걸 좋아하는구나, 내가 이런 걸 싫어하는구나, 내가 이런 것에 버튼이 눌리는구나'를 알아차리려면 다른 사람이 내 잘못을 지적할 때 그 사람의 말이 타당할 가능성을 생각하는 연습을 해야 합니다.

'저 사람은 내가 못 보는 내 약점을 볼 테니 귀 기울여 들어봐야겠구나'라는 태도를 견지하는 것이 좋습니다. 물론 이것이 쉽지는 않지만 그래야 나중에 후회할 일을 만들지 않을 수 있습니다.

마음과 생각이
어떻게 다르게 움직이는지 아는 것

마음과 생각이 분리될 때가 있습니다. 생각으로는 그 사람을 용서해야 한다고 하면서도 용서하지 못하는 마음일 수 있습니다. 마음과 생각이 어떻게 다르게 움직이는지 아는 것은 자기 자신을 아는 데 필수 과정입니다.

여러분은 마음과 생각이 충돌할 때 마음이 이기는 유형인가요, 아니면 생각이 이기는 유형인가요? 생각이 마음을 끌어가는 사람도 있고, 마음이 생각을 끌어가는 사람도 있습니다. 생각이 마음을 끌어가는 경우 자기 자신을 너무 통제할 위험이 있습니다. 마음이 생각을 끌어가는 경우 참이 아닌 생각에 안주할 우려가 있습니다.

생각은 우리 추측보다 힘이 세서 우리 마음을 들여다보는 데 도움이 됩니다. 생각을 잘해서 어떤 생각이 참이 아님을 인식하면 참이 아닌 생각에 딸려 가지 않을 수 있습니다. 그러면 이때부터 마음이 정돈되지요. 바로 이것이 자기 무의식을 들여다보는 과정입니다.

비판적 사고 전문가 리처드 폴과 린다 엘더가 "당신 마음이 문제를 숨기려 할 때 (배우지 않아도 저절로 익숙해진 여러 형태의 자기기만으로) 어떻게 그 마음을 잡아낼지를 배워야 한다"라면서 마음을 잡아내는 방법으로 얘기하는 것은 바로 생각을 잘하는 것입니다.

'배우지 않아도 저절로 익숙해진 자기기만'에는 여러 가지가 있습니다. 심리학에서는 이를 '방어기제'라고 합니다. 방어기제는 불쾌한 감정을 느끼지 않으려고 스스로를 잠시 속이는 기만책입니다. '방어기제'라고 하는 이유는 마음의 평화를 유지하고 방어하려는 기만책이기 때문입니다. 방어기제의 작동원리를 이해하고 자신이 주로 의존하는 방어기제가 무엇인지 알면 자기 마음의 생김새를 좀 더 파악하게 됩니다.

"나는 저렇게 잘난 척하는 사람 싫어"라는 말을 자주 하는 사람이 있다고 해보죠. 이 사람은 왜 그게 싫을까요? 거기에는 이유가 있습니다. 내가 잘난 척하고 싶은 마음이 없으면 타인의 잘난 척이 그렇게 눈에 들어오지 않습니다. 눈에 들어온다는 것 자체가 잘난 척에 관심이 있다는 것이죠. 그런데 사실 잘나고 싶지 않은 사람은 없습니다. 정확히는 자신의 잘나고 싶은 마음을 들여다본 사람과 그렇지 않은 사람이 있을 뿐입니다.

자신의 잘나고 싶은 마음을 들여다본 사람은 타인의 잘나고 싶은 마음을 수용하기가 쉽습니다. '나도 그런데 뭐' 하는 마음에 타인의 잘난 척을 싫어하지 않을 수 있게 됩니다. 타인의 잘난 척을 싫어한다는 것 자체가 나의 잘난 척하고 싶은 마음을 그만큼 인식하지 못했다는 것을 말합니다. 그래서 마음 놓고 잘난 척하는 사람을 미워하는 것이죠.

"나는 저렇게 잘난 척하는 사람 싫어"라는 태도는 사실은 자신 안에 있는 잘난 척하고 싶은 마음을 타인에게 떠넘기는 것입니다. '자신 안에 있는 잘난 척하고 싶은 마음'을 타인에게 비추어 본다고 해서 투사라고 합니다. 투사라는 방어기제가 발동한 사례입니다.

'잘난 척한다/잘난 척하지 않는다'의 프레임으로 세상을 본다는 것은 그만큼 '잘난 척'에 관심이 있다는 것입니다. 그래서 그 사람이 자주 사용하는 언어를 살펴야 한다는 말이 있는 것입니다. 거기에 관심이 있기에 그에 대해 자주 말합니다. 잘난 척에 관심이 있다는 것은 그만큼 잘나고 싶다는 것을 말합니다.

나 자신을
생각해보게 만드는 물음

인간은 1분에 100단어를 말하거나 들을 수 있는데 생각은 400단어를 할 수 있다는 것이 심리학의 연구 결과입니다. 인간은 듣고 말하는 것의 세 배에 해당하는 생각을 추가로 한다는 것이죠.

그러면 이 300단어의 생각이 늘 적합한 생각일까요? 이 300단어에는 나만의 소설이 들어갈 위험이 있습니다. 불교에서 말하는 망집(妄執)이 포함되는 것이죠.

사람들은 상대방이 하지 않은 비난까지 듣습니다. 자신이 못났을까봐 두려워하는 마음은 상대방이 하지도 않은 비난과 무시를 듣게 만들어버립니다. 이런 경우 기분이 수시로 나빠집니다. 만약에 자신이 다른 사람들보다 기분이 자주 나빠진다고 느낀다면, 또 다른 사람들이 기분 좋은 모습을 보면 기분이 나빠지는 경우가 많다면 나에게는 '내가 못났을까봐 두려워하는 마음'이 있다는 것임을 알아차려야 합니다.

이렇게 내 마음을 알아차려 가다 보면 나의 1차적 인식에 딸려 가는 정도가 낮아집니다. 그러면 내 마음을 조금씩, 조금씩 내가 원하는 방향으로 가져갈 수 있습니다. 이것이 바로 '나로 살기'를 비로소 시작하는 것입니다.

자기 자신을 알려면
건네야 할 질문들

어떤 사람이 무표정하게 앉아 있는 모습을 볼 때 '저 사람은 무표정하네(A)'라고 느껴지는 경우가 많은가요, '도대체 뭐가 마음에 안 들어서 저러는 거야?(B)'라고 느껴지는 경우가 많은가요?

물론 구체적 상황에 따라 다소 달라지기는 하겠지만 A의 방식으로 생각하는 사람과 B의 방식으로 생각하는 사람의 마음속 근본 전제는 매우 다릅니다.

대체로 A로 생각하는 사람은 누군가가 자기를 마음에 들어하지 않을 가능성을 별로 생각하지 않습니다. B로 생각하는 사람은 누군가가 자기를 마음에 들어하지 않을 가능성을 많이 생각합니다.

다음 질문 중 몇 개에 "예"라고 하나요?

① 나는 비판에 매우 민감하다.

② 나는 칭찬이나 아첨을 받아들이기 어렵다.

③ 나는 내 능력에 자신감이 너무 없다.

④ 나는 사회적 상황에서 자주 거북함을 느끼고 어떻게 해야 할지 정말 모르겠다.

⑤ 나는 다른 사람에게 매우 비판적인 경향이 있다.

요즘에는 이런 심리 테스트가 유행하는 것 같습니다. SNS로 쉽게 전파되기 때문이기도 하겠지만 근본적으로는 자기 자신에게 관심이 있기 때문일 것입니다. 우리가 평소 생활할 때는 자기 자신을 생각하기가 어려우니까 이런 물음으로 자기 자신을 생각해볼 기회를 마련하는 듯합니다.

이 항목들 모두 자기 자신을 생각해보도록 합니다. 자기 자신에 대해 메타적 차원의 생각, 상위 차원의 생각을 하게 하는 것이지요. 심리학에서는 이 항목들 여러 개에 "예"를 한다면 열등복합감정 때문에 고통받는 것이라고 진단합니다.

자기 자신을 파악할 수 있는 좋은 물음을 묻는 것은 중요합니다. 자신의 마음과 생각이 나아가는 방향을 알게 해주기 때문입니다. 우선 위의 5가지 물음에 대해 조금 더 생각해볼까요?

다른 사람들과
생각을 나눠보는 것이 좋다

①나는 비판에 매우 민감하다

다른 사람이 나를 비판하는데 기분 좋은 사람은 물론 없습니다. 그렇지만 비판에 민감한 정도의 차이는 분명히 말해주는 바가 있지요. 비판에 민감하다는 것은 뒤집어 말하면 그만큼 비판을 받고 싶어 하지 않는다는 것이죠. 비판을 받고 싶어 하지 않는다는 것은 인정받고 싶은 마음이 크다는 것입니다.

왜 인정받고 싶어 할까요? 자기가 자신을 인정하면 타인의 인정이 많이 필요해지지는 않습니다. 그런데 그렇지 못해서 타인의 인정을 많이 원하면 타인은 자기 마음대로 생각할 것이라는 진실을 놓치곤 합니다. 그 사람이 나를 인정해준다면 좋겠지만 인정하지 않는다면 그것은 그 사람의 자유입니다.

그런데 자기가 자신을 인정하지 못하는 사람은 이렇게 생각하지 못합니다. 나를 인정해주지 않는 그 사람이 미워집니다. 심지어 상대방은 인정/무시의 프레임으로 보지 않는데도 '그 사람이 인정했네, 무시했네' 하는 식으로 인정/무시의 프레임에 꽂히기 쉽습니다.

타인이 자신을 인정해주지 않을지도 모른다는 두려움을 많이 느끼면 자꾸 화납니다. '당신들이 뭔데 나를 인정하지 않고 난리야' 하는 마음이 들게 되기가 쉽기 때문이죠. 그래서 상대방이 인정/무시의 프레임으로 말한 것이 아닌데도 '그 사람이 인정을 했네, 안 했네' 하는 말을 하게 됩니다. 이는 그만큼 인정의 문제가 나에게 중요하다는 것을 말해줍니다.

② 나는 칭찬이나 아첨을 받아들이기 어렵다

정도의 차이는 있겠지만 칭찬을 받아들이는 것이 우리의 문화 특성상 쉽지만은 않습니다. 아첨은 더욱더 그렇겠지요. 그러나 '받아들이기 어렵다'고까지 하는 것은 다른 이야기입니다. 누군가가 칭찬을 했는데 펄쩍 뛴다면 그만큼 내가 나를 인정하기 어려워한다는 것을 뜻합니다.

내가 나를 인정하지 못하니까 타인의 칭찬을 있는 그대로 받아들이기가 어려워집니다. 무의식적으로는 인정을 갈구하면서도 정작 누군가가 칭찬해주면 받아들이기 어려워합니다. 자신의 무의식이 탄로난 것 같은 민망함 때문일 수 있습니다.

③ 나는 내 능력에 자신감이 너무 없다

깊은 내면에서 내 능력을 신뢰하지 못한다면 열등감을 느끼고 있는 것이지요.

④ 나는 사회적 상황에서 자주 거북함을 느끼고 어떻게 해야 할지 정말 모르겠다

사회적 상황은 누군가와 함께하는 상황을 말합니다. 남들 앞에서 거북함을 느낀다는 것은 자신이 받아들여질지 확신이 없다는 것을 의미하지요. 다른 사람의 시선이 거북하다는 것은 다른 사람에게 자신이 어떻게 보일지를 염려한다는 것입니다. '다른 사람이 나를 어떻게 보든 나는 나다'라고 생각한다면 그렇게 불편해하지는 않을 것입니다. 그러니 이는 그만큼 다른 사람의 시선에서 자유롭지 않다는 것을 의미합니다.

⑤ 나는 다른 사람에게 매우 비판적인 경향이 있다

다른 사람에게 비판적인 경향이 있다는 것은 다른 사람의 약점을 보는 데 유능하다는 것이겠지요. 그런데 왜 유능할까요? 우리는 모두 자기 잘난 맛에 삽니다. 그런데 '내가 잘난 것이 아니면 어떡하지' 하는 두려움을 많이 느끼는 사람은 자기도 모르게 다른 사람에게서 약점을 찾고 싶어 합니다. 타인의 약점을 찾아서 '나만 못난 게 아니다' 하면서 안심하고 싶어지기 때문이지요.

이런 항목들로 자신을 생각해보면 자기 자신을 좀더 알게 됩니다. 나를 생각해보게 만드는 자극이 되니까요. 그래서 자기 자신을 알고 싶다면 이런 물음들을 다른 사람들과 함께 나눠보는 것이 좋습니다. 다른 사람과 비교해보면 '나'가 더 잘 드러납니다.

내 마음을 들여다보다

내가 어디에서
마음이 상하는지를 알아야

사실 타인이 나를 인정하기보다 내가 나를 인정하기가 더 어렵습니다. 나는 타인에게 보이지 않는 나의 찌질한 면을 누구보다 잘 아니까요. 그런데도 기준을 타인에게 두면 변화무쌍한 타인의 마음에 매달려 살아가는 모양새가 됩니다. 그러면 나로 살기 어려워집니다.

철학에서 가장 중요한 것은 "왜?"를 끝까지 묻는 것입니다. 그 물음을 나 자신에게 적용해서 '내가 지금 왜 이렇게 생각하지? 나는 지금 왜 이런 마음이지?'라고 잘 물으면 점점 더 나 자신을 알아가게 됩니다. 무언가 마음이 불편할 때 '나는 지금 무엇을 피하고 싶은 거지?'라는 물음을 물어보면 자기 자신을 아는 데 도움이 됩니다. 자기 자신을 알고 싶다면 내가 무엇을 싫어하는가를 스스로에게 물어보는 것도 좋습니다. 친구들과 함께 각자가 가장 싫어하는 것은 무엇인지, 그 이유는 무엇인지에 대해 이야기해보는 것도 좋습니다. 이런 대화를 하면 자신의 특징을 좀 더 파악할 수 있게 됩니다.

내가 어떤 일에
자주 마음 상하는지 살피기

여러분은 스스로 어디서 쉽게 마음이 상하는지 아시나요? 다른 사람들을 볼 때 '저 사람은 저 문제에서는 쉽게 마음이 상하는구나. 상처받을 것까지는 없는데 저기서 상처를 받네. 저렇게까지 힘들어할 일은 아닌데 털어내지를 못하네' 하는 느낌을 받은 적이 있을 것입니다. 이는 그 사람이 겪은 개인사나 중요한 경험과 밀접한 관계가 있지요. 그럼 여러분 마음은 어떤가요? 여러분 역시 남들은 쉽게 넘어가는 걸 넘어가지 못하는 부분이 있을 것입니다.

내가 어떤 일에 자주 마음이 상하는지를 살펴보아야 합니다. '이렇게 상처받는 내가 이상한 거야, 아니면 이렇게 상처 주는 그 사람이 나쁜 거야?' 하고 차분히 생각해보세요. 그러면 그 사람이 이상하든 말든 그 생각에 매달려 있어봐야 지금의 내 마음이 편안해지지 않는다는 것을 알게 됩니다.

게다가 '이상한 사람은 세상에 늘 있으니 나는 내 마음을 잘 단속

하는 게 중요하다'는 통찰에도 이르게 됩니다. 그러면 그다음 단계로 생각이 나아가게 됩니다. '손뼉도 마주쳐야 소리가 난다는데 그 사람은 내가 어찌할 수 없으니 내가 어찌할 수 있는 내 측면에서 해볼 수 있는 것은 무엇인지 생각해보자.'

타인은 타인이기에 내가 어찌할 수 없습니다. 우리는 내 마음대로 안 되는 타인 때문에 화를 내곤 하지만 내가 통제할 수 없는 것으로 통사정해봐야 변하는 것은 아무것도 없습니다. 그렇다면 내가 통제할 수 있는 부분에 관심을 두는 것이 낫습니다. 철학자 에픽테토스도 통제할 수 없는 것에 대해서는 화를 내지 말라는 주장을 펼쳤었답니다.

'갈등할 때 원정서를 인식하라'는
심리학의 요구를 현실화하려면

심리학에서는 '갈등할 때 원정서를 인식하라'고 합니다. 갈등의 요인에는 자신의 충족되지 않은 원정서가 있다는 것입니다.

남편이 늦게 들어온다고 화내다가 싸우는 경우 사실은 '남편과 충분히 마음을 나누고 싶다'는 것이 원정서입니다. 늦게 들어온다는 것 자체가 중요한 것이 아니라 남편에게서 사랑을 느끼고 싶다는 것이 가장 중요한 문제라는 것이죠. 그런데 원정서를 전달하지 못한 채 '늦게 들어오네, 일찍 들어오네, 나는 자유가 있네 없네'라며 싸우게 되기 쉽습니다.

심리학에서 우리가 가짜 주제로 갈등하는 경우가 많다고 하는 것이 바로 이를 지적하는 것입니다. 실제로 그렇습니다. 그런데 이 원정서를 인식하기는 어려운 일입니다. 자기 마음에 자꾸 물어야만 가능해지는 일입니다.

다른 사람이 모두 내 마음대로 존재하기를 바라는 소망에 매달려 있으면, 그리고 '외롭지 않고 싶다'는 소망에 매달려 있으면 그 소망대로 되지 않은 일 때문에 화가 납니다. 그러면 내 마음을 제대로 들여다보지 못하게 됩니다.

외로움은 내가 죽음을 받아들이고 난 다음에 다시 다루어보아야 하는 문제입니다. 죽음을 받아들이지 못하는 마음으로는 외로움에서 도망가는 데 모든 에너지를 쓰게 됩니다. 그러니 자신의 원정서를 인식할 마음의 에너지도 남지 않게 됩니다. 자신을 외롭게 둔 상대방을 원망하는 방향으로만 마음이 가기 쉽습니다.

누구나 이상하게 행동하는 지점이 있습니다. 심리와 무의식이 작동하는 경우이죠. 특히 무의식이 작동하면 주변 사람들에게 쉽게 이해되지 않는 행동을 하게 됩니다. 누군가는 '잘생겼다'는 말을 들으면 화가 난다고 합니다. 누군가는 남편이 놀이공원에 놀러 가자고 하면 화가 난다고 합니다. 상식적으로 화날 일이 아닌데도 화가 난답니다. 그러면 자기 마음을 들여다보려고 노력해야 합니다.

마음에 관심을 두면 심리학 책도 찾아서 보게 되고, 정신분석학 책도 찾아서 보게 됩니다. 자기 마음을 들여다볼수록 타인의 마음도 느끼게 됩니다. 내 마음의 원리를 인식할수록 타인의 마음이 움직이는 원리를 인식하게 됩니다.

논리적으로 생각하려고 노력하면서 그리고 자신의 비논리를 보려고 노력하면서 심리학 책이나 정신분석학 책을 보면 그 효과를 증폭시키게 됩니다. 자기 자신을 많이 알아가게 됩니다.

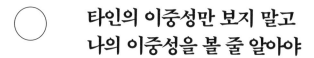

타인의 이중성만 보지 말고
나의 이중성을 볼 줄 알아야

'나답다'는 말을 들으면 가슴이 설레는 느낌이 들곤 합니다. 나다울 때 편안하고 행복하다는 것을 본능적으로 알아서 그런 것 같습니다. 그런데 역설적이게도 '나답다'는 것이 무엇인지는 정작 나 자신이 남들보다 더 모른다는 느낌이 들곤 합니다. 눈이 눈을 볼 수 없듯이 내가 나를 들여다보기가 어렵기 때문일 것입니다. 타인이 나를 보듯이 내가 나를 볼 수는 없기에 자기가 자신을 가장 잘 모를 수 있지요.

때로는 남들이 모두 아는 '나에 대한 진실'을 나만 모를 수도 있습니다. 나는 '내가 좋아하지 않는 내 모습'을 무의식으로 내려보내기 때문입니다.

이중논리를 구사하지 못하게 막는
철학적 성찰

우리는 대체로 실제의 자신을 모릅니다. 주변 사람을 두고 '저 사람이 이러이러하다고 생각하는데 사실은 저러저러하다'는 느낌이 들때가 많습니다. 주변 사람 중 그 사람이 보는 그 사람과 실제 그 자신이 완전히 일치하는 사람을 본 적이 있나요? 그런 사람은 없습니다. 그런 사람은 불교적 의미에서 해탈한 사람일 것입니다.

우리는 실제 자신을 있는 그대로 보지 못합니다. 우리 모두에게는 자신이 잘난 존재이기를 바라는 소망이 있기에 잘나지 못한 자기 모습은 인식하고 싶어 하지 않습니다. 그런 이유로 나의 찌질한 면, 스스로 용납할 수 없는 자기 모습은 무의식으로 억압합니다. 불편하니까 자신도 모르게 의식으로 떠오르지 못하게 막는 것입니다. 일종의 기만이지요. '나는 그런 사람 아니야'라고 위장하는 것입니다.

남들이 한 입으로 두말한다고 원망하면서 정작 자신도 한 입으로 두말한다는 것은 꿈도 꾸지 않습니다. 모두 그렇습니다. '저 사람이 저렇게 한 입으로 두말하는 줄 모르는 것을 보니 인간이라는 존재는 자신이 얼마나 한 입으로 두말하는지는 모르게 마련이구나. 주변에서 한 입으로 두말 안 하는 사람을 찾기가 어려운 걸 보면 나 역시 한 입으로 두말하면서 스스로는 의식하지 못할 때가 있겠구나'라고 생각해야 하지만 이렇게 논리적 인식을 하기는 어렵습니다. 그렇지만 이런 논리적 인식이 불가능한 것은 아닙니다. 논리적 인식은 노력하면 점점 더 잘하게 됩니다. 그래서 노력할 필요가 있습니다. 논리적 인식은 사실을 좀더 있는 그대로 인식하는 데 도움을 줍니다.

이것이 바로 철학적 성찰이 자기 무의식을 보도록 해주는 이유입니다. 철학이 골치 아프게 느껴지는 이유는 이중논리를 구사하지 못하게 막기 때문입니다. 우리의 자연적 인식 경향성은 '내가 옳고 타인은 그르다'로 향하는데 철학은 이를 막습니다.

철학은 타당할 가능성과 타당하지 않을 가능성을 동시에 균형적으로 고려하라고 요구합니다. 그래서 나에게도 옳지 않은 측면이 있고 타인에게도 옳은 측면이 있음을 인정하라고 요구합니다. 인식의 균형을 잡기 위해 나에게서는 옳지 않은 측면을 보고 타인에게서는 옳은 측면을 보라고 요구합니다. 그러니 머리가 아픕니다. 그렇지만 철학은 사실을 직면하도록 돕습니다. 그래서 철학은 일평생 자신만의 소설에 빠져서 사는 일을 방지해줍니다.

자신이 이중논리를
얼마나 구사하는 사람인지를 직면하면

자신의 이중논리를 보지 못하면 자기만의 소설에 갇혀 살게 됩니다. 이렇게 되면 다른 사람과 교류하기도 어려워지죠. 논리적으로 생각해야 자신의 비논리를 볼 힘이 생기고, 자신의 비논리를 하나하나 봐 나가는 힘이 있어야 자신의 무의식을 들여다보게 되고 자기 자신을 알아 나갈 수 있습니다.

보통 '자기가 보는 자신'은 실제 자신보다 더 잘난 모습이고, '무의식적으로 억압하는 내 모습'은 '내가 원하지 않는 찌질한 모습'입니다. 우리는 찌질한 나 자신을 직면하기보다는 내 존재 방식이 왜 옳은지를 입증하는 방식으로 생각을 가져갑니다. 그래서 논리적으로 인식하려 노력할 때 무의식적 특징을 더 인식하게 됩니다.

특별히 자신의 비논리를 보려고 노력하지 않는 한 사람들은 대부분 '남들은 틀렸고 자신은 옳다'는 생각에 빠져 삽니다. 그렇지만 내 생각은 내가 옳은 것을 입증하는 방향으로 나아가게 된다는 점에 주의해야 합니다. 사람의 생각은 자신의 믿음의 총합이 자신을 편리하게 하는 방향으로 갑니다. 철학은 이를 막고 최대한 참되게 인식하기를 요구합니다.

인간은 다른 사람과의 관계에서 자신이 옳은 측면만 생각하려 함으로써 마음의 부담을 덜려 합니다. 인간의 이러한 특징을 이해하는 것은 매우 중요합니다. 철학은 이를 조절해서 진실을 보려고 노력합니다. 철학적 성찰은 내 생각에서 그른 면을 보고 타인의 생각에서 옳은 면을 보게 만듭니다. 인식의 자연적 경향성을 거스르는 방식이지요. 자기 자신을 알아서 자기 자신이 되게 하는 데는 철학적 성찰이 필요합니다.

심리와 무의식적 특징이 논리를 비틀고 들어오기에 오히려 내가 나를 가장 잘 모를 수 있습니다. 내가 무의식으로 내려보내는 내 모습은 나 자신만 모릅니다. 내가 인식할 수 없어 의식 아래로 내려보내는 모습이기 때문입니다.

그런데 이것이 타인 눈에는 아주 잘 보입니다. 여러분도 타인의 무의식을 본 경험이 있을 것입니다. '네가 그렇다는 거 너만 모르고 다른 사람들은 다 알아' 하는 마음이 되는 경우이죠. 그렇지만 여러분 눈에 타인의 무의식이 보이듯이 여러분의 무의식도 타인의 눈에 보인다는 것이 인식하기 어려운 중요한 진실입니다.

이런 생각을 하면 모골이 송연해지기도 합니다. 우리가 타인의 무의식을 보면서 '네가 아무리 그렇게 말해봐라. 네 진짜 마음이 내 눈에는 다 보인다' 하면서 우습게 여기곤 했지만 남들도 나를 두고 그랬을 것이 틀림없으니 말입니다. '무의식의 나'는 '남들은 알지만 정작 나 자신은 모르는 나'입니다.

자신의 이중성을
통합하는 과정

무의식의 나는 '내가 모르는 나'라고 할 수 있습니다. 나답게 살려면 '내가 모르는 나'를 만나서 점점 '내가 모르는 나'와 친해져야 합니다. 다른 사람들 눈에는 보였지만 나에게는 보이지 않았던 낯선 나의 모습을 나의 일부분으로 수용할 줄 알게 되는 것이 나를 알아가는 과정이고, 나를 만나는 과정입니다.

'의식의 나'와 '무의식의 나'를 통합할 줄 알아야 합니다. 모든 인간에게는 이중적인 모습이 있습니다. 누군가가 좋기도 하고 싫기도 합니다. 마음은 여러 갈래라서 양가감정을 느끼는 것이 당연한 일입니다. 그 모든 모습이 나라고 인정할 때 '내가 모르는 나'의 비중이 줄어듭니다. 그리고 '내가 모르는 나'가 말썽을 일으키는 일도 줄어듭니다. 무의식의 나를 줄여나가면 나갈수록 내 존재가 편안해집니다. '무의식의 나'를 나로 알아차리고 '의식의 나'와 '무의식의 나'를 통합해 나갈수록 내 존재가 편안해집니다.

자신의 이중성을 못 보는 사람의 우물보다 자신의 이중성을 잘 보는 사람의 우물이 훨씬 넓습니다. 자신의 이중성을 보지 못하는 사람은 타인만 이중적인 것 같다고 느끼면서 손가락질하기 바빠 자기 문제를 극복할 기회를 잡지 못합니다. 그러나 자신의 이중성을 보는 사람은 타인의 이중성에 그리 치를 떨지 않아 다른 사람을 잘 수용하게 됩니다.

아직 자신의 이중성을 충분히 소화하지 못했을 때는 나에게서든 타인에게서든 이중성을 보기가 고통스럽지만 그 과정을 거쳐 자신의 이중성을 통합하면 더 큰 자아가 되어 다른 사람 때문에 속이 뒤집어지는 일이 줄어듭니다. 이중성을 통합하는 과정이 인간에 대한 근본적 혐오감을 극복하게 만들어 타인과 갈등할 우려를 줄여줍니다. 그리고 다른 사람 때문에 속이 뒤집어진다고 느끼는 그 많은 일에서 자신에게도 문제가 있었음을 자각하게 됩니다. 자신의 문제가 없었으면 그 일로 그렇게까지 속상하지 않았을 수 있었음을 의식하게 됩니다.

'상처의 반은 내 몫'이라는 말이 있습니다. 누군가가 나에게 잘못하더라도 그 영향을 내가 어느 정도까지 받느냐는 내 경향성에 따릅니다. 나에게 상처를 준 사람이라고 원망하곤 하지만 그렇게까지 상처를 받는 것은 나의 특징입니다.

웬만한 사람들은 모두 상처받을 만한 말에도 내가 상처를 받지 않아서 그 사람이 죄를 덜 짓게 만든다면 그에게도 나에게도 좋은 일입니다. 누군가가 상처 주는 말을 한다고 해서 내가 꼭 상처를 받아야 하는 것은 아닙니다. 그 말을 한 건 그 사람의 자유이고 그 말에 대해 내가 생각을 어떻게 하는가는 또 나의 자유입니다. 그 사람의 의도를 내가 꼭 실현해주어야 할 이유는 없습니다.

자신의 이중성을 보면 볼수록 그만큼 자기 자신과 타인을 알아가게 되고, 그런 만큼 상처를 받는 일이 점점 더 줄어들게 됩니다. 타인이 타인의 한계에 의해 한 무심한 말에 내가 꼭 상처를 입어야 하는 것은 아니니까요. 자신의 이중성을 보지 못할수록 타인을 수용하는 능력이 떨어지게 됩니다. 자신의 이중성을 통합하는 만큼 타인의 이중성도 수용할 수 있게 되고, 인간에 대한 이해의 폭도 넓어지게 됩니다.

'날것의 나'를
대면해야 한다

'날것의 나'를 대면해 나 자신을 알아간다는 게 쉬운 일은 아닙니다. 저도 아이를 낳고 서른다섯이나 되어서야 '날것의 나'를 대면하는 경험을 한 듯합니다.

세 살 아이를 두고 6개월 동안 캐나다에 방문학자로 갔습니다. 그야말로 혼자여서 원 없이 책을 볼 수 있었습니다. 물론 외로웠습니다. 대화를 별로 하지 않고 하루 종일 혼자 지내다 보니 저 자신에 대한 이런저런 생각이 떠오르곤 했습니다. 저 자신을 더 잘 만나는 시간이었습니다.

이미 강도를 만난 경험으로 죽음에 대해서는 저 나름대로 태도를 결정한 터여서 그 적적한 시간을 잘 지낸 것 같습니다. 그래도 외로움은 쉽지 않았습니다. '내 나이에도 이런데 20대가 외국에 오는 것은 쉽지 않겠구나' 싶었습니다. 외로움을 어쩌지 못해 많이들 힘들어하겠다 싶었지요.

캐나다의 버스 안에서 한국인 대학생들이 나누는 대화를 들은 적이 있습니다. 다른 사람들이 못 알아듣는다고 생각해서인지 편하게 말하는 바람에 듣게 된 이야기였습니다.

어학연수 와서 아이가 생겨 아이를 낳았는데 남학생의 부모님도 여학생의 부모님도 그 사실을 모른다는 것이었습니다. 그런데 캐나다의 병원비가 너무 비싸서 엄청 고생한다는 것이었습니다. 외로운 곳에서 정을 주기 쉬우니 그런 일도 벌어질 만하다고 생각했습니다.

저는 그래도 서른다섯이나 되었고 아이까지 떼어두고 왔기에 외로워도 열심히 논문을 준비했습니다. 외로움 속에서 나를 점점 느껴가던 어느 날 밤 갑자기 눈물이 터졌습니다. 내 인생의 어느 인상적인 한 장면 때문이었습니다.

나라는 존재를 특징짓는
특별한 상처를 이해하고 화해하기

저는 어릴 때 엄마가 많이 아파서 큰댁에서 더부살이를 했습니다. 일곱 살 때였지요. 당시에 큰댁은 저에게 많이 불편한 곳이었습니다. 저는 엄마가 아프니 얼마간 큰댁에서 지내야 한다는 아빠의 말을 듣고 왔을 뿐인데 동네 사람들은 저만 보면 수군덕댔습니다.

"쟤 엄마가 오늘내일한다면서요?"라는 동네 분들의 물음에 큰엄마는 "아이고, 그러게 말이야. 내가 속상해서 참…"이라고 대꾸하셨습니다. 그럴 때마다 저는 제가 문제덩이가 된 기분이었고, 무언가 무서운 일이 다가오는 것 같았습니다. '죽는다'는 게 무슨 말인지도 모르는 어린아이였던 저는 무섭고 막막했습니다.

하루하루 막막하고 답답한 나날을 보내던 어느 날 사촌언니가 제게 말했습니다. "네 아빠 오셨어!" 저는 '드디어 아빠가 날 데리러 왔구나' 하면서 신나서 달려갔습니다.

그런데 달려가다 보니 저 앞에 아빠와 큰아버지가 함께 있는 모습이 보였습니다. 큰아버지가 반지를 빼서 아빠에게 내밀었고 아빠는 손사래를 치셨습니다. 그러고는 아빠가 뒤돌아서 동구 밖 쪽으로 걸어가셨습니다.

그 모습이 시야에 잡히기는 했지만 어린 저에게 그 거리는 멀었고, 아빠 걸음은 제 걸음보다 빨랐습니다. 거리는 점점 차이가 났습니다. 제가 소리를 지르니 아빠는 돌아서서 저를 보시고는 집으로 들어가라는 손짓만 하셨습니다.

저는 너무 서운했습니다. 데리고 가지는 못할망정 얼굴도 안 보고 그냥 가시다니…. 그 장면의 진실은 아주 나중에야 이해되었습니다. 아내는 목숨이 왔다 갔다 하고 월급으로는 병원비를 감당할 수 없고 여기저기서 돈을 꾸고 꾸다가 더는 빌릴 데가 없어 어쩔 수 없이 형님에게 왔는데, 형님은 끼고 있던 결혼반지 말고는 줄 것이 없다고 하는 장면이었습니다.

아마 아빠는 눈물이 앞을 가렸을 테고 서울로 가는 버스를 놓치면 안 되셨겠죠. 그래서 저를 보고 잘 지내라는 말 한마디 할 상황이 아니었던 겁니다. 어린 딸 앞에서 눈물을 흘릴 수도 없었을 테고요.

아이까지 낳은 서른다섯의 저는 이국땅 기숙사 방에 앉아 그때의 내가 되어 울었습니다. 어릴 때 다 울지 못한 울음이었습니다. 엄마의 목숨이 경각에 달린 상황에서 부모 없이 친척집에서 더부살이한 경험과 저는 그때 그렇게 화해한 것 같습니다.

누구에게나 이런 특별한 경험이 있습니다. 나라는 존재를 특징짓는 특별한 상처를 이해하고 그 상처와 화해해야 비로소 내가 자유로워집니다.

적적한 시간을 보낼 줄 알아야
자기 자신을 알아가게 된다

만약에 제가 죽음에서 도망가는 마음으로만 생활했다면 적적한 시간을 견디기 힘들어하느라 '날것의 나'를 만나기는 어려웠을 것입니다. 제 안의 두려움을 직면하지 않으려고 저도 모르게 누군가를 자꾸만 옆에 두려 했을 것입니다. 끊임없이 약속을 잡고 SNS를 하면서 혼자만의 시간을 줄이려 했을 것입니다.

적적함 속에서 내 내면을 차분히 바라보아야 내가 무엇을 두려워하는지, 내가 무엇을 피하고자 하는지를 느낄 수 있습니다. 그리고 그래야만 나를 제대로 바라보게 되고, 내 마음 깊은 곳의 소리를 듣게 됩니다.

기억에 남는 어릴 적 인상적인 장면 속의 나, 상처로 힘들어하던 나, 보고 싶지 않았던 내 모습을 만나는 과정이 필요합니다. 무언가에 걸려 넘어져 있는 바로 그 '나'와 만나야 합니다. 그러면서 나의 상처와 화해하는 시간이 필요합니다. '내가 이런 걸 두려워하고 이런 상처 때문에 이런 것에 예민하게 반응하는구나' 하는 자각을 해나가야 합니다.

이 과정에서 심리상담을 받는 것도 좋습니다. 혼자서 자신의 트라우마를 직면하기는 쉬운 일이 아니기 때문이기도 하거니와 누군가와 집중적으로 나 자신에 대해 대화하다 보면 이 과정이 아주 효과적으로 이루어지기 때문이기도 합니다.

누군가에게 속마음을 아무 제한 없이 털어놓는 경험은 인생에 꼭 필요합니다. 내가 어떤 표현으로 나를 기술하고 설명하는지를 느껴보는 것 자체가 나를 알아가는 데 도움이 됩니다. 이는 내 모습을 거울로 보는 것처럼 내 내면을 비추어 보는 과정입니다.

'날것의 나'를 만나지 않으려고
누군가를 옆에 두려 해서는 안 된다

'날것의 나'를 만나지 않으려고 사람들이 자주 사용하는 방법은 누군가를 옆에 두는 것입니다. 실존주의 심리학자 롤로 메이는 『자아를 잃어버린 현대인』에서 "고독감을 외면하려고만 애쓰면 자신의 내적인 잠재력이나 삶의 방향에 대한 통찰력을 계발할 수 없다"라고 합니다. 고독감을 외면하려고 애쓰면 나와 타인의 경계를 파악하지 못하게 됩니다. 그 경계가 두려워 그것을 느끼지 않으려 하기 때문입니다.

혼자이지 않으려고 남의 눈치를 보는 사람은 자신의 내적인 잠재력을 계발하는 쪽으로는 에너지를 쏟지 못하고 타인의 비위를 맞추는 데만 에너지를 쏟습니다. 정작 자신이 무엇을 원하는지, 무엇을 하고 싶은지는 제대로 의식하지 못합니다. 그러니 삶의 방향에 대한 통찰력도 계발하지 못합니다. 자기 자신이 어떤 방향으로 삶을 꾸려나가야 할지 제대로 생각하지 못하게 되는 것입니다. '진짜 자기 삶'은 별로 생각해보지 못하는 것이죠.

관계는 그 사람이 그 사람으로 서야 성립됩니다. 그 사람이 개성을 가지고 독자적인 개인으로 서 있을 때 그 사람과 특정의 관계를 맺을 수 있습니다. 나와 특성이 다른 상대방과 그 다름에 대해 대화하면서 서로 존재의 결을 느낄 때 관계가 정립됩니다.

내 마음을 들여다보다

롤로 메이는 "텅 빈 사람들은 사랑하는 법을 모르기 때문에 고독감에 빠지고 만다"라고도 말합니다. 자신의 공허에만 집중하면서 혼자 있지 않으려는 몸부림으로만 살아가는 사람은 다른 사람들을 '내 공허감과 고독감을 느끼지 않게 만들어주는 수단'으로만 대우합니다. 그래서 결국 의미 있는 관계를 맺지 못합니다. 의미 있는 관계는 아무런 현실적 이득이 없어도 그 사람이 그 사람이라는 이유만으로 소중하게 생각하는 관계입니다.

밀도 있는 관계 속에서
나 자신을 만나야 한다

요즘 나다움에 관심을 많이 두는 이유에는 타인과 의미 있는 관계를 맺기 어려워진 것도 있는 듯합니다. 나에게 중요한 타인과의 관계에서 점점 더 나를 알아가는 건데 그렇게까지 밀도 있는 관계를 맺지 못하고 적절한 거리 두기만 하기 때문이지요.

사람과 사람 사이에는 적절한 거리가 있어야 하기는 하지만 갈등을 피하려고 너무 '너는 너, 나는 나'로만 지내면 '나'를 잘 모르겠다는 느낌을 받게 됩니다. 나와 너가 부딪치면서 '아, 나는 이렇고 너는 그렇구나'라는 느낌을 받는 경험을 하지 않으니 내가 어떤 사람인지 모르는 상황이 됩니다.

지지고 볶고 싸우면서도 관계를 유지하는 밀도 있는 관계를 맺을 줄 알아야 합니다. 내 경계를 지키면서도 지지고 볶아가며 서로를 더 잘 알아가는 관계속에서 나를 알아가게 됩니다.

관계 안에서 사랑과 미움을 모두 느끼고, 몇 번씩 사랑과 미움의 롤러코스터를 타가면서 '아, 너는 그런 사람이구나'를 느끼고, '그런 너와 달리 나는 이렇구나' 하는 체험이 켜켜이 쌓여야 인간을 이해하고 나를 이해하게 됩니다. 그래서 내 마음을 속속들이 털어놓을 수 있는 관계를 맺는 것이 매우 중요합니다.

내 마음을 털어놓을 수 있는 사람과는 바쁜 생활 속에서도 정기적으로 만나서 점점 더 밀도 있는 관계가 되도록 노력할 필요가 있습니다. 내 말을 알아 들어주는 사람에게 속을 터놓는 과정에서 그 사람의 질문을 받아보고 나에 대한 그 사람의 해석도 들어보면서 나를 느껴갈 수 있습니다. 나와 다른 그 사람을 느껴보며 나 자신을 더 느끼게 되는 것입니다.

내가 나이기 위해서라도 나와 다른 존재를 경험할 필요가 있습니다. 내가 누군가와 부딪칠 때 나는 내 존재를 느낍니다. 타인과 밀도 있는 관계 속에서 '날것의 나'를 만나며 나의 나다움을 찾아나가야 합니다.

집착과 중독은
인생에 대한 두려움이 원인이다

자기 자신을 만나면서 점점 더 자기 자신을 알아가면 본래적 자기에게 맞는 일과 맞지 않는 일을 잘 구분하게 됩니다. 타인들의 말에 휘둘리는 자기 자신을 더 잘 느껴서 점점 더 휘둘리지 않게 됩니다. 휘둘린다는 것을 자각하기 때문에 오히려 휘둘리지 않으려 노력하게 되는 것입니다. 자신이 타인의 말에 얼마나 영향을 받는지를 예민하게 느낌으로써 그런 영향을 받지 않을 줄 알게 되는 것입니다. 점점 더 자기 중심을 잡아 나가는 것이지요.

그러면 자신이 진짜 원하는 것과 원한다고 착각하는 것, 사실은 타인의 시선 때문에 원하는 것과 진짜 자기가 원하는 것, 자기를 성장시키는 것과 끌어내리는 것을 구분하는 능력이 좋아집니다.

타인의 시선에서
벗어나려면

'타인의 시선 때문에 원하는 것'을 진짜로 자신이 원한다고 착각하는 경우에 그것을 손에 넣었을 때 진정한 만족감을 느끼지 못합니다. 그래서 남들이 추구하는 또 다른 새로운 것을 원하게 되지요. 결국 그 연쇄에서 벗어나지 못합니다.

사람이 원하는 것에는 궁극적으로 자신에게 도움이 되는 것이 있고, 당장은 그것을 원하지만 그것이 궁극적으로는 자기 자신에게 도움이 되지 않는 것이 있습니다. 타인의 시선에 매여서 살아가는 사람들은 궁극적으로 자기 존재에 도움이 되지 않는 것을 원하는 경우가 많습니다.

우리는 모두 타인의 시선에서 벗어나고 싶어 하지만 그게 잘되지 않습니다. 어떻게 해야 타인의 시선에서 벗어날 수 있을까요? 제가 '살아간다=죽어간다'임을 수용해야 한다고 주장하는 이유는 이를 수용할 때 나 자신에게 정말 중요한 것과 중요하지 않은 것이 분명하게 구분되고 그로써 타인의 시선에서 자유로워지기 때문입니다.

죽어가는 삶임을 받아들이면 이 죽어가는 삶에서 정말 중요한 것이 무엇인지가 분명해집니다. 죽음을 두려워하면서 '살아간다=죽어간다'의 등식에서 도망 다니는 사람들은 타인이 중요하다고 하는 것을 중요하게 생각하게 됩니다. 공허감을 타인의 인정으로 채우려 하기 때문입니다.

타인의 인정은 사실 모든 인간에게 중요합니다. 이런 글을 쓰는 저도 책 판매가 신경 쓰이고 책에 대한 평가가 궁금해집니다. 타인의 인정이 중요하지 않은 사람은 없습니다. 그렇지만 죽음을 두려워하는 마음으로 타인에게 신경 쓰는 것과 죽음을 수용하는 마음으로 타인에게 신경 쓰는 것은 차원이 다릅니다.

죽음을 수용하는 사람은 타인의 인정에 어느 정도 신경을 쓰기는 하지만 매달리지는 않습니다. 죽음이라는 엄청나게 두려운 것에 직면했고 삶이 담배 연기보다도 허무할 수 있음을 알았기에 타인의 인정에 매달리지 않게 됩니다. 죽음을 수용하면서 죽어가는 삶에서 정말 중요한 것이 무엇인지 알았기에 그밖의 다른 것에는 그리 신경을 쓰지 않게 되는 것입니다. 그래서 타인의 인정을 어느 정도 생각하기는 하지만 거기에 매달리지는 않을 수 있습니다.

죽음이 무서운 사람은
무언가 확고한 것에 의지하고자 하지만

'신경을 쓰기는 하지만 매달리지 않는다'는 것을 설명할 텐데, 잠시 불교 이야기를 해보겠습니다.

불교에서는 세상 안에서 세상을 넘어 살아야 한다고 주장합니다.

불교의 출가는 세간을 벗어나는 것입니다. 출세간(出世間)이라고 하지요. 그렇지만 깨달음이 더 진행되면 출출세간(出出世間)을 해야 합니다. 이게 무슨 소리일까요?

불교 경전에는 『유마경』이 있습니다. 유마힐 거사는 출가한 승려가 아니라 재가신도입니다. 『유마경』은 재가신도인 유마힐 거사가 출가 승려를 논파하는 내용으로 되어 있습니다.

아무 자극이 없는 산속에서 평상심을 가지는 것보다 저잣거리에서 평상심을 유지하는 것이 더 어려운 일입니다. '산속에서 깨달아봐야 뭐 하냐, 이 세상에서 온갖 사람과 부딪치며 살아갈 줄 알아야 그게 제대로 깨달은 거지'라는 술자리 대화가 그저 술자리 대화만은 아니라고 생각합니다. 정말 깨달았다면 이 세상의 온갖 문제와 부딪치면서도 평상심을 유지해야 합니다.

출출세간은 깨달음에 집착하는 마음에서조차 벗어나는 것입니다. 〈십우도〉의 마지막 그림에서 다시 세상을 향하는 것과 일맥상통합니다.

그러면 세상 안에서 세상을 넘어 사는 출출세간의 태도는 어떤 것일까요? 이 세상의 모든 규칙과 법칙이 무엇인지 알고 그 안에서 살아가지만 그 규칙과 법칙에 마음을 빼앗기지 않고 자기 마음의 주인이 되어 살아가는 것입니다.

삶의 허무를 모두 받아들인 상태에서는 남이 중요하다고 하는 것이 나에게 중요해지지 않는 것은 물론이고 내가 중요하게 생각하는 것에도 너무 강하게 집착하지 않게 됩니다.

다르게 표현하려면 제가 20여 년 전에 라디오에서 들은 말을 소개하는 것이 나을 듯합니다. "기대하지 않는다. 그렇다고 포기하지도 않는다. 그것이 사랑이다." 기대하지 않는다고 해서 아예 신경을 꺼버리며 포기하는 것은 아닌 그런 태도를 말합니다. 마음은 기울이지만 집착은 하지 않는 태도입니다.

삶이 담배 연기보다 허무하지만 그 담배 연기에 충실해보겠다는 출출세간의 태도에서는 타인과 비교하는 것이 별로 중요하지 않습니다. 그래서 열등감을 느낄 일이 없습니다. 죽음 앞에서 타인의 평가적 시선이 뭐가 그렇게 문제가 되겠습니까.

그런데 우리가 죽음을 자꾸 삭제해버리고 삶에 집착하면 '진정으로 나를 행복하게 하는 것'에 집중하는 것이 아니라 '타인이 행복하다고 여길 것'에 목숨을 걸게 됩니다. 그러면 당연히 비교에 신경이 쓰입니다. 다른 사람은 가졌는데 나는 가지지 못한 것은 큰 문제가 됩니다. 건물주가 아닌 내 삶이 너무 보잘것없어 보이고, 친구가 나보다 더 많은 재산을 가진 것에 속이 탑니다. 자기가 판 아파트 값이 천정부지로 오른 것에 억울해하다가 자살을 한 사람이 있다는 이야기도 들었습니다.

물론 돈은 중요합니다. 그런데 돈이 인생의 행복을 보장해주지는 않는다는 데도 주목할 필요가 있습니다. 통장에 돈이 많으나 그 돈을 지키려고 자녀와도 형제와도 등을 지는 사람들이 꽤 있습니다.

그런데 돈이 그 사람을 정말 행복하게 할까요? 죽으면 가지고 가지도 못할 돈에 왜 그리 집착할까요? 돈으로 죽음을 잊고 싶기 때문입니다. 죽음이 무서운 사람은 무언가 확고한 것에 자기 마음을 정박하고 싶어 합니다. 그것이 보통 돈, 권력, 명예이지요. 대부분 인간은 강하고 확고한 것에 자기 마음을 정박하고 싶어 합니다.

인생에 대한 두려움 때문에 집착과 중독이 일어나는데도 이를 깨닫지 못하고 자꾸만 무언가에 매달리는 모습을 보이는 경우가 많습니다. 그런 것에 매달리느라 무엇이 정말 자기 자신을 행복하게 하는지 알아가는 방향으로 살지 못합니다. 남들과 비교하는 마음에 휩싸여 열등감을 견디는 데 마음의 에너지를 모두 쓰면서 자기 마음을 들여다보지 못하는 것입니다. 타인의 시선에서 자유로워지기 위해서도 죽음 문제에 정면승부를 걸어야 합니다.

나에게 중요한 것이 무엇인지를 알아야

사람마다 인생에서 이상하게 매달리게 되는 그 무언가가 있습니다. 도박이나 쇼핑 등 중독되기 쉬운 것들에 매달리는 사람도 있고, 명예나 성취 등에 매달리는 사람도 있습니다. 자신이 무엇에 왜 매달리는지 파악하는 것은 자신을 아는 데 중요한 부분입니다.

대체로 우리가 무언가에 매달리는 것은 그것으로 우리의 인정욕이 충족되기 때문입니다. 인정욕에 딸려 가지 않기는 쉬운 일이 아닙니다. 취미 활동에서 인정받으면 취미 활동을 열심히 할 수밖에 없고, 일 영역에서 인정받으면 일중독이 될 정도로 일하게 되기 쉽습니다. 어떤 식으로든 남들에게 인정받고 싶어서 남들이 좋다고 하는 것, 누구나 추구하고 싶어 하는 것에 매달려 살다 보면 세월을 잊고 정신없이 살게 됩니다.

그리고 이런 식의 성취가 타인에게 인정받을 때는 자신이 혼자라는 것도 잊습니다. 그러나 문제는 이것이 영원하지 않다는 것입니다. 그렇게 매달려 살다가 어느 순간 '내가 무엇을 위해 이러지' 하는 회의가 들기 마련입니다. 나 자신으로부터 연원한 것이 아니기 때문에 나에게 본질적인 충족감을 주지 않는 것입니다. 인간은 자신을 본질적으로 충족해주지 않는 것에는 언젠가 회의를 느끼는 존재입니다.

자기 자신에 대한 기준을
너무 높게 잡은 건 아닌지 점검해야

타인의 인정은 물론 필요하지만 나를 본질적으로 충족하는 것은 아닙니다. 타인의 인정에 목을 매는 인정중독에 걸리지 않는 것은 저 마음 밑바닥의 나로부터 내가 인정받을 때 가능해집니다. 내가 나를 인정하지 못하면 타인의 인정에 과도하게 집착하게 됩니다. 그래서 자신이 자신을 인정하는 것이 중요합니다.

자신이 자신을 인정하려면 성취의 경험이 필요합니다. 요즘에는 실패를 많이 두려워하는 분위기가 있어서 성취의 경험을 쌓지 못하는 경우가 많은 듯합니다. 그러면서 자신이 성실하지 않다며 스스로 실망하는 경우가 있는데, 이때 두 가지를 점검해봐야 합니다.

우선, 자기 자신에 대한 기준을 너무 높이 잡은 것은 아닌가 하는 부분입니다. 자기 자신에게 너무 비현실적인 기대를 하면서 괜히 더 실망하지는 않는지 말입니다. 한국 사회가 지나치게 과로하는 사회이다 보니 직장 일도 잘해야 하고 재테크도 잘해야 하고 자기계발도 잘해야 하고 취미 생활도 잘해야 한다고 생각하는 경우가 많습니다. 혹시 이러한 사회적 분위기 때문에 자기 자신을 지나치게 닦달하지는 않는지 살펴볼 필요가 있습니다.

지나치게 닦달한다면 자존감 문제가 있는 것은 아닌지도 살펴봐야겠지요. 자신을 인정하지 못해 성취에 과도하게 집착하지는 않는지 말입니다. 자존감 문제가 있다면 작은 성취를 쌓아가려 노력하고 자기 자신을 인정해주는 사람을 자주 만나면서 자신을 다독이고 발전시켜 나가는 것이 좋습니다. '나는 안 돼!'라는 말을 습관적으로 하지 말고, 그럴 때마다 "아니야, 되게 할 거야! 되게 하는 방법을 찾을 거야!"라는 말을 스스로에게 들려주는 것도 좋습니다.

하고 싶은 일을 하는 것이 아니어서
성실하지 못한 것은 아닌지 점검하자

또 하나 점검해봐야 할 일은 혹시 하고 싶은 일을 하는 것이 아니어서 성실하지 못한 것은 아닌지를 살피는 것입니다. 누구나 자신이 하고 싶은 일에는 시간과 에너지를 기울입니다. 내 소질을 잘 발현할 수 있는 일은 좀더 쉽게 잘하게 되고 그러다 보니 성취감을 잘 느끼게 됩니다. 그러므로 자신의 소질을 잘 발현하면서 자기 자신이 의미를 느낄 수 있는 일을 찾아야 합니다.

이런 얘기를 들으며 '나는 소질이 없는 것 같다'고 생각한다면 사실 아직 소질을 발휘할 일을 만나지 못한 것입니다. 누구나 존재의 특성이 있고 그래서 소질을 발휘할 수 있는 일이 있기 마련입니다.

또 한 가지 생각해봐야 하는 것이 있습니다. 소질은 매우 다양한 일로 발현될 수 있습니다. 의사나 변호사가 아닌 다른 일에서는 절대로 소질을 발현할 수 없는 것이 아닙니다. 내가 어떤 일에 몰두하지 못한다면 그 일을 하는 과정 자체에서 만족을 느끼는 것이 아니라 타인의 인정과 시선에 맞추어 일을 선택했기 때문일 수 있습니다. 혹시 내가 정말 원하는 일이 아니라 남들 눈에 그럴싸한 직업에 종사하려고 하다 보니 소질을 발휘할 수 있는 일을 못 찾는 것은 아닌지도 생각해봐야 합니다.

죽음을 직면하지 않고 회피하면 타인의 인정에 매달리게 되므로 정말 자신이 원하는 일이 아니라 타인의 인정을 받는 일을 하려고 합니다. 죽음을 직면하면 내가 정말 소질을 발휘할 수 있는 일에 관심을 두게 됩니다.

자신이 소질을 발현할 일을 하면 성취감을 느끼게 되는데, 보통 자신이 성취감을 느끼는 일에서는 의미도 찾게 됩니다. 의미는 내가 하는 일이 타인에게 도움이 될 때 창출됩니다. 일이라는 게 다른 사람과 얽혀 있게 마련이고, 내가 일을 잘하면 나와 연결된 사람에게 도움이 되기 마련이니까요.

만약에 어떤 사람이 도둑질에 소질이 있다고 해보죠. 그런데 사람은 도둑질로 성취감을 느끼기는 어렵습니다. 말로는 다른 도둑에게 무용담처럼 자기 기술을 자랑할지라도 떳떳하게 내놓을 수 없는 일을 하면서 성취감을 느끼는 사람은 없습니다. 그런 자기 자신을 마음 밑바닥에서부터 인정하기 어려우니까요. 성취감과 의미창출은 연결되기 마련입니다.

자기가 자신을 가장 잘 압니다. 자기가 자신을 인정하기 어려울 때 그런 자기 자신에게 실망하다 못해 자기 자신을 미워하게 됩니다. 그렇다고 무조건 특별한 성취를 한다고 해서 자기 자신에게 만족하는 것도 아닙니다. 자신의 가능성과 소질이 잘 발현되게 하는 것이 가장 중요합니다.

소질이 아니라 사회적 인정을 기준으로 생각하지는 않는지 돌아볼 필요가 있습니다. 그리고 자기 자신에게 '세상의 인정'이라는 기준을 적용하며 그 기준을 통과하지 못한 자신을 깎아내리지 말아야 합니다. 이는 세상의 시선에 좌우되는 것입니다.

마음속으로 나는 이런 일을 할 사람이 아니라는 겸손하지 못한 자세를 가지면 정말 자기 자신에게 중요한 것이 무엇인지, 자신의 가능성을 펼치는 일이 무엇인지 알기 어려워집니다.

우리는 각자 모두 소중한 존재입니다. 우리의 가치는 우리가 생명으로 존재한다는 그 자체에서 나옵니다. 세상에서 인정받는 일을 하느냐 그렇지 않느냐에 따라 나의 가치가 결정되는 것이 아닙니다. 세상에서 인정을 받지 못하는 일을 하는 사람을 무시하는 태도로는 자기 소질을 발휘하는 일을 찾기 어려워집니다.

세상의 인정에 좌우되지 않고 자기 자신과 타인을 그 자체로 존중하는 태도가 정립되어야 사회적 인정이 따르지 않아도 자기 소질을 발휘하는 일을 찾을 수 있습니다. 소질을 발휘하는 일을 할 때 인간은 성취감을 느낍니다.

돈이 되는 일 vs.
하고 싶은 일

인간은 자신이 하는 일에서 성취감과 의미를 느낄 때 행복해집니다. 그래서 자기 소질을 발휘함으로써 유능감을 느낄 수 있는 일을 하고 싶어 하지요.

내가 무슨 일을 하며 살지는 나답게 사는 것과 관련해서 아주 중요한 부분입니다. 내가 싫어하는 내용의 일, 내가 소질을 발휘할 수 없는 일을 강요받으면서 '나답게 산다'고 느낄 사람은 없습니다.

하고 싶지 않은 일을 하면서 살면 하루의 대부분을 원하지 않는 방식으로 살게 되므로 스트레스를 느끼게 되고, 그로 인해 문제가 생깁니다. 사실 일이라고 하는 것이 어쩔 수 없이 자유를 제약하는 것이기에 일을 하면서 항상 유쾌 상쾌 통쾌할 수는 없습니다. 그런데 하고 싶지 않은 일을 할 경우 이런 당연한 스트레스조차 더 크게 느끼게 될 위험이 있습니다. 그래서 하고 싶은 일을 하는 것이 중요합니다. 자발적으로 하는 일은 많은 심적 스트레스를 줄여주니까요.

일의 종류가
생각만큼 큰 변수는 아닐 수 있다

그런데 하고 싶은 일을 하는 데는 희생이 따릅니다. '하고 싶은 일을 하려면 돈을 내야 하고 돈을 벌려면 하기 싫은 일을 해야 한다'는 말이 있지요. 돈도 벌고 하고 싶은 일도 하는, 요즘 흔히 말하는 '덕업일치'는 참 어려운 일입니다. 그리고 아무리 하고 싶어 하는 일도 그 과정이 즐겁기만 하기는 어렵습니다.

전에 어느 유명 가수가 그런 말을 했습니다. "하고 싶은 일 한 가지를 하려면 하기 싫은 일 열 가지를 해야 한다." 예술활동을 한다고 해도 노래만 부르거나 악기만 연주할 수는 없습니다. 자질구레한 실무, 계약 과정에서의 감정노동 등을 해야 하지요. 그렇지만 정말 하고 싶은 일을 하면 그 일을 하려고 하기 싫은 일 열 가지를 감당하게 됩니다.

18년간 무명 생활을 한 배우 박지환 씨가 그런 얘기를 하더군요. 자기는 연기가 너무 좋아서 아르바이트하는 것도 좋았다고 말입니다. 아르바이트를 하면 연기를 할 수 있다는 생각에 아르바이트마저 좋았다고 합니다. 정말 좋아하기에 이럴 수 있었고, 그래서 긴 무명 생활도 견딜 수 있었을 것입니다.

내가 이런 대접을 받을 사람이 아니라는 억울함이 있었다면 무명 생활을 견딜 수 없었을 것입니다. 그냥 연기가 좋아서 연기했던 분들이 긴 무명 생활을 견디고 결국 연기력을 인정받아 스타가 되는 것을 보곤 합니다.

하고 싶은 일을 하려면 경제적 자유를 희생해야 하는 경우가 많습니다. 대학생이 진로와 관련해서 하는 고민은 대부분 하고 싶은 일은 돈이 안 되고, 돈이 되는 일은 하고 싶지 않다는 것이었습니다.

학생들이 이런 질문을 하면 저는 원래 그런 거라고 대답했습니다. 하고 싶은 것을 하면서 돈까지 벌고자 하는 건 욕심이라고 말입니다. 원래 세상이 그렇게 다 주지는 않는다고 말입니다. 하고 싶은 것을 한다면 물질적으로 불편해지는 것은 감수할 각오를 해야 한다고 말입니다. 그러니까 얼마나 하고 싶은 일인지 스스로 확인하기 위해서라도 이 일을 하기 위해 경제적 어려움을 어느 정도 감수할 수 있는지 생각해보라고 했습니다.

많은 분이 지금 하고 있는 일이 '하고 싶은 일'이 아니라고 느끼지만 어쩌면 지금 못하고 있는 그 '하고 싶은 일'이 현실적 희생을 감수할 만큼 하고 싶은 것은 아니어서 지금처럼 사는 것일 수도 있습니다. 지금 하고 있는 일에서는 단점을 보고, 지금 하고 있지 않은 일에서는 장점을 보면서 공평하지 않은 비교를 하는 것뿐일 수도 있습니다. 원래 남의 떡이 커 보이는 법이어서 내가 하는 일은 지루하게 느껴지고 남이 하는 일은 괜찮아 보이는 것일 수 있는 거죠.

사실 하고 싶은 일이 명확하게 딱 정해지지 않는 경우도 있습니다. 자칫하면 서류처리는 싫은데 변호사 일은 하고 싶다거나 손으로 뭘 조작하는 건 싫은데 의사 일은 하고 싶다거나 하는 식으로 잘못 생각할 수 있습니다.

어쩌면 그 일에서 얻어지는 사회적 인정을 원하는 것인데 그 일을 원한다고 착각할 수도 있습니다. 반대로 그 일에 대한 사회적 인정이 마뜩치 않은데 일의 종류가 마음에 안 든다고 생각할 수도 있습니다.

꼭 직업으로 하고 싶은 것을 해야 하는 것도 아닙니다. 이미 어떤 직업으로 밥벌이를 한다면 하고 싶은 일을 부업으로, 취미로, 봉사로 할 수도 있습니다.

그리고 내 속도에 맞추어 하면 괜찮을 일을 타인의 요구와 필요에 맞추어 하려다 보니 스트레스를 받고 힘들어지는 경우도 많습니다. 같은 일이어도 자신이 자유롭게 하는 경우와 타인의 요구에 맞추어 해야 하는 경우는 부담감이 다르니까요. 그렇기 때문에 일의 내용이 싫은 건지 일이 부과되는 방식이 싫은 건지도 잘 구분해야 합니다.

인간은 사회에 필요한 일을 하면서 그 일로 인정받고 그 일을 하는 과정에서 만나는 사람들과 연결감을 느낄 때 행복해집니다. 이런 식으로 보면 나에게 절대적으로 불만족을 줄 일도, 절대적으로 만족을 줄 일도 그리 많지 않다는 사실을 깨닫게 됩니다.

대부분 일은 어느 정도 만족감과 어느 정도 불만족감을 줍니다. 그리고 불만족감은 일 내용이 아니라 일에 대한 사회적 평가나 동료들과 관계로 생기는 경우가 많습니다.

그러니까 일에 대한 사회적 평가에 초연해지면 소질에 맞는 일을 하기가 그리 어렵지 않게 됩니다. 거꾸로 자기가 하고 싶은 일을 할 때는 일에 대한 사회적 평가에 초연할 수 있습니다.

사회적 인정을 받으려고 일하는 것이 아니라 내가 하고 싶어서 하는 것이기에 남들이 특별히 알아주지 않아도 문제가 되지 않습니다. 바로 이것이 '하고 싶은 일'을 하는 것의 장점입니다. 타인의 시선에 초연해질 수 있다는 것 말입니다.

소질을 발휘하면서도
의미를 창출할 수 있는 일을 찾아야

우리의 생각보다 일의 종류가 큰 변수는 아닐 수 있습니다. 소질에 큰 영향을 받는 일도 있습니다. 저는 손으로 하는 일은 잘하는 것이 없어서 요리사를 하라거나 목수를 하라고 하면 삶의 질이 무척 떨어질 것입니다. 이렇게 소질이 중요하기는 하지만 이미 밥벌이를 할 정도로 어떤 일을 한다면 그 일이 그렇게까지 적성에 맞지 않는 일일 가능성은 크지 않을 수 있습니다. 할 만하니까 해왔을 가능성이 큰 것이죠.

인간은 여기가 아닌 다른 곳, 지금이 아닌 다른 때를 꿈꾸기 쉽습니다. 지금 경험하는 것에서는 장점보다는 단점을 보기 때문입니다. 지금 하는 일에서는 만족하지 못하는 측면만 보고 지금 하지 않는 일에서는 좋은 측면만 생각할 가능성이 큰 것입니다. 그래서 늘 좋은 것은 남에게 있다는 착각이 들기 쉽습니다.

이런 이유로 정말 하고 싶은 일이 무엇인지 알기가 쉽지는 않습니다. 정말 나에게 중요한 것에 집중할 수 있게 해주는 것은 삶을 죽음 앞에 세워보는 사고실험입니다.

저는 내일 죽어도 오늘 철학을 합니다. 죽어가는 삶을 철학에 던지겠다고 생각할 정도로 철학을 좋아하고 철학의 필요성을 느끼기 때문입니다. 철학의 힘으로 다른 사람이 삶에서 겪는 어려움을 더는 데 도움이 되고자 하기에 제가 전임교수로 강의하는지 그렇지 않은지는 별로 중요하지 않았습니다.

지금 돌이켜보면 저는 제 소질을 잘 발휘해서 성취감과 의미를 얻을 수 있는 일을 선택한 것이었습니다. 물론 그 당시에는 이렇게까지 자세히 의식하지 못했습니다. 그저 삶의 비밀을 알고 싶었고, 제가 궁금하면 끝까지 따져드는 스타일이라는 것을 알았을 뿐입니다. 그래도 저는 20대 때 철학에 무언가가 있는 것 같았고 그것을 찾고 싫었습니다.

저는 언어를 잘 정제하고 사태를 정확히 드러내는 언어표현을 찾기를 좋아합니다. 문제상황을 잘 언어화하고 생각을 잘하면, 꼬였던 문제를 제법 풀 수 있습니다. 이런 힘을 전하는 제 언어가 누군가에게 도움이 되면 저에게는 의미가 창출됩니다. 누군가가 제 언어를 듣고 생각을 바꿈으로써 인생의 문제를 해결하는 데 도움을 받았다고 하면 저는 행복해집니다.

지금 와서 보니 행정학과를 졸업해서 좋은 곳에 취직한 친구들은 어느새 퇴직을 생각해야 하는 나이가 되었습니다. 그런데 저는 대학 밖에서 일반인을 위한 철학강의를 하며 행복하게 살고 있습니다. 철학강의는 나이가 많으면 오히려 더 잘할 수 있는 일로 여겨지기에 은퇴와 상관없는 일입니다. 처음 철학을 선택할 때 이런 가능성은 생각하지도 못했지만 제가 좋아하는 것을 하다 보니 여기까지 왔습니다.

인생이 내 마음대로 통제되지 않습니다. 그래서 결과에 좌우되는 일이 아니라 일의 성격 자체에 만족하는 일, 일 자체에서 자신이 의미를 느끼는 일을 하는 것이 좋습니다. 그래야 자신만의 아이디어를 가미해 그 일을 남들이 하는 것과 다르게 해낼 수 있습니다.

자기 소질을 잘 발휘하면 남들을 따라가는 것이 아니라 남들보다 앞서서 블루오션을 개척하는 사람이 됩니다. 물론 사회가 알아줄 때까지 경제적 어려움을 감수해야 하고, 설령 사회가 알아주지 않는다고 해도 경제적 어려움을 감수하며 계속 그 일을 할 정도로 배짱이 있어야 하지만 말입니다. 그러나 한 번 사는 인생, 내가 원하는 방식으로 살아야 하지 않겠습니까!

인간을 본질적으로
충족하는 것

인간을 본질적으로 충족하는 것은 무엇일까요? 본질적으로 충족되지 않는 것을 예민하게 느끼는 사람들이 있고, 그렇지 않은 사람들이 있기는 합니다.

철학을 하는 사람들은 대체로 이를 예민하게 느낍니다. 그래서 다른 사람들이 취해 있는 것(아파트 평수, 연봉 등)에 만족하지 못하고 인생과 세상의 본질을 묻습니다. 어떤 사람은 남들이 취해 있는 것에 같이 취하는 것을 중시합니다. 그런데 이러한 도취는 인간에게 궁극적 만족을 주지 못합니다. 문제는 이러한 도취가 자신에게 궁극적 만족을 주지 못한다는 사실을 인생을 다 살고 나서야 느낀다는 것입니다. 그러면 그때 몰려오는 허무는 감당하기 어려워집니다.

남들이 취해 있는 것에
같이 취하지 말고

자신이 잘못 살았다는 것을 오래 살고 나서야 느낀다면 그 허무감을 어찌해야 할까요? 제가 인문학 강의를 다녀보면 철학에 관심을 더 가지시는 분들은 오히려 재산과 소득이 어느 정도 되는 분들이었습니다. 그분들은 돈에 대한 아쉬움은 없다고 하면서 오히려 나이가 들수록 철학에 관심이 간다고 했습니다.

저는 그런 경험을 하면서 아이러니하다는 생각을 하곤 했습니다. 재력이 안 되는 분들은 재력이 생기면 행복할 것이라고 생각해 인문학 강의에 특별한 관심을 기울이지 않는 데 비해 어느 정도 재력이 되는 분들은 오히려 인문학 강의에 관심을 기울이니 말이지요. 돈이 있어야만 돈이 있다고 행복한 건 아니라는 사실을 깨달을 테니 당연한 일이기는 하지만 말입니다.

배부른 돼지보다 배고픈 소크라테스가 낫다고 합니다. 하지만 배부른 돼지가 배부른 돼지인 줄 모르고 현실적 만족에 취해 죽을 수 있다면 배부른 돼지로 사는 것도 나쁘지 않다는 생각이 들 수 있습니다.

이 책을 읽는 분들 가운데 남들 배려하느라 머리 아프게 살아봐야 나 좋은 것이 없다는 생각이 들고 배려 없이 자기 편한 대로 살면서 자기가 뭘 잘못했는지 모르는 사람들이 부럽기도 한 분들이 제법 있을 것입니다. 그런데 그러려면 자신이 배부른 돼지임을 자각하지 못한 채 죽어야 합니다. 그러나 인간은 배부른 돼지로 죽는 데 성공할 수 없는 존재입니다. 생로병사의 허망함을 겪을 수밖에 없어서 대체로 자신이 배부른 돼지로 살아왔음을 알게 되기 때문입니다.

언젠가는 배고픈 소크라테스가 될 수밖에 없다는 것이 인간의 가혹한 운명입니다. 그런데도 우리는 배고픈 소크라테스가 되지 않고 배부른 돼지로 성공적으로 죽기를 희망하곤 합니다. 인생의 허무를 직면하게 하는 콘텐츠는 멀리하면서 진지함과는 상관없이 살아가고 싶어집니다. 그러나 그러한 태도로는 남들이 좋다는 것을 추구하는 삶을 살게 되지 '진짜 내 삶'을 살 수는 없습니다.

타인의 시선과 상관없이
내 삶을 끌어가는 힘

인간은 본래 '내 삶'을 추구하는 존재입니다. 진짜로 내 삶을 살려면, 인생의 허무와 외로움에서 도망치고 싶어 본질적이지 않은 것에 매달리는 일을 중단해야 합니다. 그래서 인생의 허무를 직면하는 것부터 하자고 주장하는 것입니다. 이 길이 느낌상으로는 돌아가는 길 같아도 삶의 본질에 닿는 지름길입니다.

저는 인생의 허무에 직면해서 철학의 길을 택했기에 이 길에서 얻는 성취는 본질적으로 저를 만족시킵니다. 저는 읽는 이를 소외시키지 않는 글을 쓰고, 듣는 이를 소외시키지 않는 강의를 하면서 일반인에게 철학의 힘을 전하는 지금 삶에서 행복을 느낍니다. 그래서 본질적 충족이 주는 만족감을 잘 알기에 본질적 충족을 주지 않는 일에 별 관심을 두지 않게 됩니다.

저는 이것이 '나로 사는 행복'이라고 생각합니다. 제 능력을 잘 발휘할 수 있는 영역에서 그 능력으로 타인에게 도움을 주고 그로써 의미를 느끼는 삶을 사는 행복 말입니다. 이렇게 살 때 돈에 매달리지 않을 수 있고, 돈이 주는 편리에 연연하지 않게 됩니다. 바로 이것이 본질적 충족감이 주는 행복의 힘입니다.

저는 죽어가는 삶을 어디에 던질지 깊이 고민한 후 선택했기에 타인의 시선이나 사회적 대우 같은 것들은 별로 중요하게 여겨지지 않았습니다. 혹시 시간강사 시절의 저에게 누군가가 멀쩡하게(!) 행정학과를 졸업해놓고 미래도 보장되지 않고 언제 강의가 없어질지도 모르며 연봉도 얼마 안 되는 시간강사를 하는 것이 억울하지 않냐고 물었다면 저는 이렇게 대답했을 것입니다. "저는 철학강의를 하면서 행복합니다."

그 강의에 강의료가 얼마나 주어지든 내가 강사로 강의하든, 강의전담교수로 강의하든, 전임교수로 강의하든 누군가에게 메시지를 전할 수 있다면 되었다고 말입니다. 연봉이 적다는 것은 사는 데 좀 불편하다는 것뿐이지 강의 자체에 영향을 주는 것은 아니니까요.

내 마음을 들여다보다

시간강사 시절, 아이는 키워야지 부모님들은 돌봐야지 공부는 공부대로 하고 돈은 돈대로 벌어야지, 정말 몸이 서너 개쯤 되기를 희망하며 지내던 때의 에피소드가 떠오릅니다. 아이가 어린이집을 가지 않으니 공부할 수 없는 날이었습니다. 제 친구 집으로 놀러 가면 남편이 불편할 것 같아서 남편 친구 집으로 놀러 가자고 제안했습니다. 남편 친구의 집은 아파트였고 시간강사 부부의 집에는 없는 물건이 많았습니다.

저는 그 댁을 방문하면서 딸기를 사갔습니다. 그 집 안주인과 함께 딸기를 씻으며 대화를 했습니다. 저는 딸기를 씻다가 접시에 올리기 뭐 한 딸기는 상한 부분을 베어내고 먹었습니다.

그런데 남편 친구 부인은 방금 제가 먹은 딸기보다 더 쌩쌩한 딸기를 고민 없이 싱크대 개수구에 버렸습니다. 순간 저는 무참했습니다. 저는 그 집 개수구가 먹는 딸기보다 더 안 좋은 딸기를 먹어버린 것이었습니다.

집으로 돌아오는 길에는 몸도 힘들었습니다. 수도권 좌석버스에는 빈 좌석이 없었고, 아이는 잠들어 그 아이를 업고 꽤 긴 언덕을 올라야 했습니다. 더운 날씨에 언덕을 오르려니 정말 힘들었습니다. 제 마음이 어땠을까요? 그 언덕을 삐질삐질 땀을 흘리며 넘어가면서 저는 생각했습니다. '그래, 나는 이 삶을 선택한 거였어! 삶에 닿아 있는 철학을 하기로 했잖아!'

저 스스로도 그렇게 생각하는 제가 좀 멋있었습니다. 편하게 살려고 철학을 선택한 것이 아니었습니다. 그러면 그런 어려움은 겪어내야 했습니다. 스스로 '박은미 좀 멋있네' 하면서 숨을 몰아쉬며 집 문턱을 넘었습니다.

삶에 닿아 있는 철학을 하겠다고 했으니 그 모든 것을 겪어내야 했습니다. 어찌 보면 배불러 터지게(!) 철학을 한 것이 잘못이었겠죠. 돈만 버는 일을 해야 했던 사람이 중뿔나게 철학을 한 것일지도 모르겠습니다. 그러나 저는 그렇게 생활의 어려움을 삭제한 상태에서 하는 철학 공부가 정말 철학 공부일까 하는 의문이 있습니다.

철학은 기본적으로 삶과 유리되어서는 안 된다고 생각합니다. 그래서 누군가는 이런 철학을 해야 한다고 생각합니다. 여하간 그런 과정을 거치면서도 철학을 포기하지 않아 이렇게 여러분과 만나고 있습니다. 저를 버티게 한 힘은 바로 '죽어가는 삶을 철학에 던지겠다'는 그 결정의 힘입니다.

내 마음을 들여다보다

나로 살기에
의미를 추구하는 삶을 살 수 있다

'일상을 위한 철학'이라는 말은 제가 하고 싶은 철학을 상징적으로 표현해주는 말입니다. '일상을 위한 철학, 삶에 닿아 있는 철학'이 제 모토입니다. 철학을 공부한 이유가 철학과 교수가 되려는 것이었다면 저는 오히려 방황했을 것입니다. 결국 교수가 될지 안 될지에 마음이 흔들렸을 테니까요.

저는 철학으로 어려운 삶을 잘 살아내는 데 도움이 되는 얘기를 하고 싶었습니다. 체계적 학문으로서의 철학을 하느라 철학의 지혜가 필요한 사람들에게 이해하기 쉽게 전달하지 못하는 것은 매우 안타까운 일이었습니다. 그래서 '철학이 어려운 공부이지만 나는 쉽게 전달하자'고 생각했습니다.

남들이 의아해하는 선택을
할 수 있는 힘

담배 연기보다 허무한 인생을 나 혼자 사는 것은 아니니 철학은 우리 모두에게 필요합니다. 모두 이 허무한 인생을 살아내느라 애쓰니 그들을 도울 얘기를 하는 게 저에겐 가장 중요했습니다. 독일의 철학자 아르투어 쇼펜하우어가 말하는 동고(同苦, Mitleid)의 마음입니다. 고통을 함께하는 마음 말입니다.

철학은 2,600여 년 동안 인류가 이룩해놓은 지적 유산입니다. 인간의 모든 고민이 여기에 담겨 있습니다. 그런데 체계적 학문으로서의 철학은 진입장벽이 너무 높습니다. 그 장벽까지는 넘지 않아도 철학에서 얻을 수 있는 삶의 지혜가 아주 많습니다.

그러나 이런 내용은 일반인에게 잘 전달되지 않습니다. 철학의 지혜를 쉽게 전달하는 쪽의 연구나 강의는 전임교수가 되는 데 전혀 도움이 되지 않으니까요. 그러다 보니 연구자들은 자신의 세부전공에 매몰되어 체계적 학문으로서의 철학을 하느라 바빠 '지혜로서의 철학'을 하는 데 관심을 두지 못했습니다.

그러나 누군가는 '삶의 지혜로서의 철학'도 해야 한다고 느꼈고 제가 그 역할을 하고 싶었습니다. 그래서 '내가 정말 쉽게 말하고 쉽게 쓰는지, 쉽게 전할 수 있도록 제대로 공부하는지'에 더 관심을 두었습니다. 그렇게 살다 보니 두 대학의 교양학부에서 각 7년씩 학생들을 만나다가 2021년부터는 철학커뮤니케이터를 자처하며 일반인을 위한 책 집필과 강의에 전념하게 되었습니다.

철학박사이면서 대학 밖에서 일반인을 위한 강의와 글쓰기에만 집중하는 경우는 많지 않습니다. 저는 철학과 일반인 사이에 다리를 놓는 역할을 하고 싶어서 철학커뮤니케이터라는 용어를 사용하고 있습니다.

현실적으로는 월급이 없는 길을 나서게 된 것입니다. 더군다나 우리나라는 대학교수라는 직업을 워낙 선호해서 대학 밖에서 지내는 게 쉽지 않다는 것을 체감하고 있습니다. 그야말로 타이틀 없이 사는 삶이 어떤 것인지 실감하고 있습니다.

그런데 저는 지금 마음껏 책을 보고 일반인을 위한 글을 쓰면서 지내니 행복합니다. 대학 안에서 학생들을 만나며 사는 것도 행복한 일이었지만 대학 밖에서 더 많은 분을 만나고 본격적으로 '삶의 지혜로서의 철학'을 하게 되니 더 좋습니다.

죽어가는 삶을 어떻게 살지 고민해서 결정하면 웬만한 어려움은 헤쳐 나갈 힘을 얻을 수 있습니다. 타인의 시선에 매이지 않고 내 길을 갈 수 있습니다. 죽어가는 삶을 어떻게 살지 결정하는 것과 '나답게 사는 것'은 맞물려 돌아갑니다.

지금까지 드린 말씀을 철학적 표현으로 바꾸면 '실존적 조건을 딛고 서야 나답게 살 수 있다'고 할 수 있겠습니다. 실존적 조건은 인간이 실제로 처한 조건이라고 생각하면 됩니다. 인간에게 주어진 실존적 조건은 '인간은 죽어가는 존재로 고독과 불안에 처해 있다'는 것입니다.

죽음의 한계상황을
한계상황으로 수용하는

독일의 실존철학자 카를 야스퍼스는 인간이 처한 한계상황으로 죽음의 한계상황을 말합니다. 사람은 누구나 죽음이 남의 일인 양 생각합니다. 그러나 죽음은 나에게도 어김없이 닥쳐올 한계상황입니다. 저는 강도를 만나면서 죽음이 나에게 다가올, 나에게도 예외 없이 닥쳐올 한계상황임을 의식하게 되었습니다.

물론 저는 사람이 죽을 수 있다는 사실을 분명히 알았습니다. 그러나 막상 겪고 보니 제대로 알지는 못했음을 깨닫게 되었습니다. 우리는 차마 죽음을 실감할 수 없습니다. 남들은 다 죽어도 나만은 죽을 것 같지 않다는 착각에 빠져 살게 됩니다.

죽음을 너무 많이 생각하면 우울해집니다. 사람이 늘 죽음을 염두에 두고 살 수는 없습니다. 그러나 죽음을 나와 상관없는 일로만 치부해버리면 삶이 엉뚱한 방향으로 가기 때문에 철학을 하는 저로서는 죽음 문제를 거론하지 않을 수 없습니다. 죽음 문제를 진지하게 고민하고 죽어가는 삶을 어떻게 살지 고민하는 것이 중요한 이유는 다른 게 아니라 바로 죽음 앞에서는 내 인생에서 정말 중요한 것과 중요하지 않은 것이 분명하게 구분되기 때문입니다.

죽음 앞에서 명품가방이 정말 중요할까요? 죽음 앞에서 SNS 팔로워 수가 중요할까요? 그럼 도대체 죽음 앞에서는 뭐가 중요할까요? 미국의 열한 살 소년 브랜든의 얘기는 이 문제에 어떤 시사점을 던져줍니다.

희소병을 앓으며 힘든 치료를 받느라 고생하던 브랜든은 '이제 2주 정도 남은 것 같다'는 의사의 말을 듣게 되었습니다. 브랜든의 어머니는 처참한 심정으로 브랜든에게 소원이 뭐냐고 물었습니다. 브랜든 역시 자기 몸 상태로 보아 얼마 남지 않았음을 본능적으로 느꼈습니다.

힘없이 집으로 돌아가는 차 안에서 브랜든은 노숙자들이 하나둘 모여 텐트촌을 형성한 곳을 보았습니다. 그 광경을 보던 브랜든은 노숙자들에게 빵을 주고 싶다고 말했습니다. 죽음을 코앞에 두고도 다른 사람을 생각하는 브랜든의 이 마음은 미국 전역에 공명을 일으켰습니다.

마트에서는 식자재를 싣고 달려왔고 기부금이 답지했으며 자원봉사자들이 찾아왔습니다. 그래서 "사랑해, 브랜든"이라는 문구가 쓰인 '브랜든의 샌드위치'가 많은 노숙자에게 전해질 수 있었습니다.

이 소식을 들은 브랜든은 행복해했습니다. 그러고는 이런 말을 남겼습니다. "행복한 시간이었어요. 숨이 멈추는 순간까지 저는 이제 행복할 것 같아요. 비록 어려운 상황이라도 꿈을 잃지 마세요. 제 소원도 결국은 이루어졌잖아요."

죽음 앞에서 인간은 자기 자신을 위한 선택을 하지 않습니다. 이렇게 어린 소년까지도 자기 자신을 위해 뭘 가지겠다는 생각을 하지 않습니다. 브랜든의 사례는 사람이 자기 자신을 위하는 데서는 삶의 의미를 느끼지 못한다는 것을 말해줍니다. 인간은 자기 자신을 넘어서는 것에서 의미를 느낍니다. 그래서 타인에게 도움이 될 때 만족감을 느낍니다. 그렇기에 삶에서 충족감을 느끼고자 한다면 타인에게 도움이 되는 삶을 살면 됩니다.

죽음 앞에서 중요한 것은 의미입니다. 그리고 그 의미는 자기 자신을 위하는 데서는 창출되지 않고 타인을 위하는 데서 창출됩니다.

•

내 마음을 들여다보다

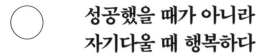

성공했을 때가 아니라
자기다울 때 행복하다

삶에 대한 기대가 크면 삶이 괴로워집니다. 삶에서 이루고자 하는 게 너무 많으면 자기 삶에 만족하기가 어려워집니다. 더군다나 삶에서 현실적 성공을 원할 때는 문제가 더 커집니다. 현실적 성공은 소수만 누릴 수 있는 매우 제한된 것입니다. 그렇기에 실패감을 느끼는 사람이 많을 수밖에 없습니다.

세상의 게임틀에 휘말려가서는 행복하기 어렵습니다. 다수가 행복할 수 없는 구조이기 때문입니다. 현대인이 별로 행복하지 못한 것이 바로 이러한 이유이죠. 고유한 자기로 살려면 세상의 게임틀에서 벗어날 수 있어야 합니다.

성공해야만
행복하다면

여기서 질문을 하고 싶습니다. 현실적 성공은 왜 원하나요? 그 성공이 정말로 나를 행복하게 하나요? 모두가 원하기 때문에 나도 원하면서 거기에 행복이 있을 것이라고 착각하면 안 됩니다.

모두가 우러르는 성공을 원할 경우 끊임없는 경쟁에 시달려야 하고 설사 경쟁한다고 해도 경쟁에서 이긴다는 보장이 없어 괴로워지기 쉽습니다. 세상의 게임틀은 이기기보다는 지는 쪽의 확률이 훨씬 더 높은 게임이지요. 경쟁이라는 것 자체가 그렇습니다. 이 틀 안에서는 행복한 사람은 소수이고 불행한 사람이 절대다수가 되기 마련입니다.

죽어가는 삶을 생각할 때 우리는 성공을 새롭게 정의해야 합니다. 경쟁에서 이기는 게 성공인가요? 저는 '자기답게 사는 게 성공'이라고 생각합니다. 자기답게 사는 것에서는 비교가 가능하지 않습니다. 나 자신이 기준이니까요.

야스퍼스는 『철학Ⅱ : 실존조명』에서 "내가 일반적인 것에 따라 행위하고 생각하는 한, 나를 비교하고 측정하려는 병적 욕망이 나를 지배한다. 내가 역사적으로 실존하는 한, 나는 비교가 중지되는 존재의 고요 속에서 나 자신을 느낀다"라고 말합니다.

비교가 가능하려면 기준이 있어야 합니다. 돈이니 학벌이니 등은 기준이 있으니 비교할 수 있습니다. 그러나 자기 자신은 기준이 없습니다. 그래서 이런 사람에게는 타인의 행복이 질투 대상이 아닙니다. 타인은 타인대로 행복하면 되고, 나는 나대로 행복하면 됩니다. 타인이 행복하다고 해서 내가 행복할 수 없고 내가 행복하다고 해서 타인이 행복할 수 없는 것이 아니니까요.

세상의 게임틀은 경쟁의 틀이기에 내가 좋으면 남이 좋을 수 없는 구조입니다. 이러한 틀에서는 남을 누르고 싶은 병적 욕망만 커지기 쉽습니다. 병적 욕망이라고 하는 이유는 그 욕망에 딸려 가기는 쉽지만 그 욕망을 실현해도 인간다움이 저하되고 자신도 행복하지 않기 때문입니다. 야스퍼스가 말하는 '비교하고 측정하려는 병적 욕망'은 우리를 힘들게 합니다. 그러나 '자기답다'는 기준은 우리를 해방시킵니다. 성공해야만 행복하다면 대부분 사람은 불행할 수밖에 없습니다. 성공은 소수만 하니까요. 그러나 인간은 성공할 때가 아니라 자기답게 살 때 행복한 존재입니다.

자신의 재능으로
누군가에게 도움이 될 때

'정말 내가 원하는 것은 무엇인가?' 하는 질문을 삶의 진실에 직면해서 물어보는 시간이 있어야 합니다. 죽지 않을 수 있다는 소망적 사

142

CHAPTER 2

고로 도망가지 않고 처절하게 이 질문을 견지해야 자기다운 삶을 살 수 있습니다. 이 질문 앞에서 대부분 인간은 열한 살 소년 브랜든처럼 누군가에게 도움이 되는 삶을 살고 싶어집니다. 죽음의 허무 앞에서 내 입에 들어가는 것, 내 몸에 걸치는 것을 남보다 더 좋은 것으로 하고 싶다는 열망은 사라집니다.

사람은 자기 재능을 충분히 펼치고 그 재능으로 누군가에게 도움이 된다는 것을 확인할 때 행복해집니다. 이런 행복을 누리는 사람은 남들 눈에 자신이 어떻게 보이는지 별로 신경 쓰지 않으며 자기 재능을 잘 펼치는 데만 관심을 두게 됩니다. 자신의 재능을 충분히 발휘할 때 자기표현이 되면서 자아실현이 됩니다.

그런데 그 발현된 재능이 누군가에게 도움이 된다면 더욱더 만족감을 느낍니다. 그 수많은 사람이 왜 공연을 하겠습니까? 혼자만 연주해도 재능은 발현됩니다. 그렇지만 재능을 발현해 사회적 인정을 받게 될 때 더 행복해집니다.

더군다나 내 재능이 발현되어 누군가에게 도움이 된다면 더 좋지요. 인간은 그때 가장 행복해집니다. 가수는 자신의 노래로 누군가 삶의 시름을 던다고 할 때 행복해집니다. 개그맨은 자신의 개그로 누군가가 생활에 활력을 얻는다고 할 때 행복해집니다.

각자가 자신의 재능으로 누군가의 삶에 도움이 된다는 것을 느낄 때 사람은 행복해집니다. 누군가는 집을 고치는 능력으로, 누군가는 글을 잘 쓰는 능력으로, 누군가는 그림을 잘 그리는 능력으로 다른 사람 삶에 위안이 됩니다.

이것이 죽어가고 있다는 삶의 진실을 직면할 때 얻는 통찰입니다. '그 일이 돈이 되느냐 안 되느냐'의 세상 기준과 무관하게 나만의 행복을 찾을 수 있게 하는 그런 통찰입니다.

사람마다 잘하는 것이 다릅니다. 누군가는 다른 사람의 마음을 세밀히 살필 줄 알아서 도움이 됩니다. 누군가는 음식을 해주며 위로합니다. 그래서 자기가 어디에 재능이 있는지, 무엇을 할 때 행복한지 알아내는 것이 중요합니다. 다양한 경험을 해보면서 자신이 무엇을 잘하며 잘하고 싶어 하는지를 확인해보아야 합니다. 경험하지 않고는 알 수 없으니까요.

'용감한 형제'라는 유명한 작곡가는 청소년기에 방황을 많이 하다가 어느 날 들은 힙합곡 덕분에 인생이 바뀌었다고 하더군요. 갱스터랩곡을 듣고 자신도 저런 음악을 하고 싶다고 느끼고 주변 사람들에게 평생 처음으로 하고 싶은 것이 생겼으니 도와달라고 해서 그 길에 매진했다고 합니다. 컴퓨터를 다룰 줄도 모르는데 작곡 프로그램을 깐 뒤 사용법을 익히고, 미디기기 사용 미숙으로 수없이 미디기기 판매처를 찾아가면서 작곡에 매진했다고 합니다.

방황을 많이 하던 사람이 자기 재능을 펼칠 분야를 만나니까 더 이상 방황하지 않게 된 것입니다. 음악에 자신을 담으니 세상에 화도 안 나게 된 것입니다. 자신을 표현할 수 있는 통로를 찾으니 그 방향으로 성심성의껏 나아가게 된 것입니다.

지금 무언가를 못하는 것이 게을러서가 아닐 수 있습니다. 아직 내 소질과 적성을 발현할 분야를 찾지 못한 것일 뿐일지도 모릅니다. 사람은 누구나 자신의 가능성을 펼칠 수 있을 때 능동적으로 됩니다. 그런데 자신이 재능을 발휘하는 분야가 돈이 안 된다는 이유로 경시하는 마음이 있으면 재능을 펼치기 어려워집니다.

사회가 돈을 중심으로 움직이다 보니 '돈이 된다/안 된다'가 지나치게 중요한 평가기준이 되곤 합니다. 자신이 돈을 많이 버는지 그렇지 않은지로 자기 자신을 귀하게 여기기도 하고 하찮게 여기기도 합니다.

나는 그냥 나입니다. 내가 얼마짜리 인간이 아닙니다. 그러한 사회적 평가를 내가 받아들여야 할 이유는 없습니다. 정말 무엇이 중요한지를 생각해야 합니다. 다른 사람이 나를 어떻게 보느냐보다 내가 나를 어떻게 보느냐가 중요합니다. 그리고 나는 그냥 나로 살면 됩니다. 내가 다른 사람 마음에 들어야 할 이유는 없습니다.

타인의 시선을 신경 쓰거나 사회적 평가에 좌우되면 내가 어떤 가능성을 펼칠 때 행복한지를 판단하기가 어려워집니다. 사실 사회적 평가에 지나치게 연연하는 것은 죽어가는 삶을 산다는 것을 인정하지 않기 때문이기는 합니다. 삶의 허무를 받아들이지 않기에 세상의 평가에 마음이 흔들리는 것입니다.

인생에 무언가 엄청난 게 있다고 생각하고서, 그걸 이루지 못한 자기 자신을 싫어하는 것은 아닌지 되돌아볼 필요가 있습니다. 삶이 담배 연기보다 허무하다는 것을 받아들이면 사회적 평가가 무에 그리 중요하겠습니까?

삶의 허무를 받아들이면 '내 마음에 드는 나'를 더 중요하게 여기게 되고, 그래서 정말 내가 무엇을 원하는지에 더 집중하게 됩니다. 그래서 점점 더 자기 자신이 되어가는 행복을 누리게 됩니다.

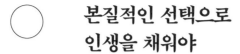

본질적인 선택으로
인생을 채워야

선택에는 외적(비본질적) 선택과 본질적 선택이 있습니다. 외적 선택은 다른 이유로 선택하는 것입니다. 결혼을 예로 들어 생각해보죠. 그 사람을 사랑해서 배우자로 선택하는 것은 본질적 선택이고, 그런 배우자를 얻으면 내가 편할 것 같아서 혹은 괜찮은 사람으로 보일 것 같아 선택하는 것은 외적 선택입니다.

어떤 사람은 상대방을 사랑해서 결혼하는 것이 아니라 상대방이 나를 좋아한다는 이유로 결혼을 합니다. 이것은 외적인 선택입니다. 그런데 이 경우 상대방의 마음이 바뀔 수 있어서 위험합니다. 또 상대방이 나를 좋아하는 방식이 나를 편안하게 하지 않아서 문제가 될 위험도 있습니다.

'외적 선택'이냐 '본질적 선택'이냐가 중요한 이유는 본질적 선택이어야 선택을 책임질 수 있게 되고 또 그 선택으로 내가 나다워질 수 있기 때문입니다.

외적 선택이냐,
본질적 선택이냐

외적 선택을 하면 그 현실적 결과에 따라 선택에 따른 만족이 좌우됩니다. 즉 배우자가 돈이 많아서 그와 결혼했다고 해보지요. 이때 그 배우자가 어떤 이유로 경제적 능력을 잃으면 그 사람은 배우자로서 가치를 잃게 됩니다. 그러면 배우자와 관계는 어려워집니다. 그러나 그 사람 자체를 선택했으면 그 사람이 건강을 잃든, 경제적 능력을 잃든 그것은 문제되지 않습니다.

〈내가 노래를 못해도〉(노래 세븐)라는 노래가 있습니다.

내가 모든 걸 잃어도 내 인기가 떨어져도
더 이상 노랠 못하고 다른 직업을 가져도
나라는 이유만으로 날 계속 사랑해줄 수 있니
…
너는 날 사랑한다 하지만 니가 사랑하는 게

정말 내가 맞는지(내가 맞는지)

나에게 반했다고 하지만 너를 반하게 한 게

정말 내가 맞는지(내가 맞는지)

너는 나를 본질적으로 선택했는지 묻는 것입니다. 삶을 이런 본질적 선택으로 채워갈 때 후회가 적어집니다. 외적 선택을 할수록 자기 선택에 자신이 없어 삶의 만족도가 떨어집니다. 내 만족이 외적 변수에 달려 있으니까요.

'이 사람을 내 연인으로 한다'는 선택이 본질적 선택이면 원하는 대로 선택했으니 걱정이 없습니다. 이 사람이 아프든 돈이 없든 그냥 이 사람과 함께하면 됩니다.

그런데 '이 사람이 돈이 있어 내 연인으로 한다'고 한 경우 이 사람이 돈이 없어질까봐 전전긍긍 염려하게 됩니다. 그러면 이 사람과 함께하는 시간이 행복하기가 어렵습니다. 상대방이 돈이 없는 사람이 될까봐 두려워하다가 볼일을 다 보게 되지요.

자신이 하는 일에 대해 외적 선택을 했는지, 본질적 선택을 했는지를 구분하게 해주는 리트머스 시험지가 되는 물음이 있습니다. '로또가 되어도 지금 하는 일을 계속할 것인가?' 하는 물음이지요. 이 물음에 '당장 때려치워야지'라는 대답이 나온다면 돈을 벌려고 일하는 것입니다.

물론 생계를 위해 하는 일은 타인의 요구에 맞추는 일이라서 늘 만족감을 주지는 않기에 생계노동에서 행복을 찾는 것은 매우 드문 일입니다. 그러나 내가 하는 일에서 돈만 버는 것은 손해라는 말에 귀 기울일 필요가 있습니다.

일에서
돈만 버는 것은 손해다!

광고회사 부사장까지 하고 퇴임해서 책방을 운영하는 최인아 대표는 『내가 가진 것을 세상이 원하게 하라』에서 일로 돈만 버는 것은 손해라고 했습니다. 우리는 일에서 재미, 의미, 성취, 도전, 성취감과 자신감, 갈등, 스트레스, 기쁨, 인정, 동료애, 팀워크, 극복, 성공 등을 얻을 수 있다는 것입니다.

돈이 꼭 필요한 것은 사실이지만 돈만을 위해서 일해야 하는 것은 아닙니다. 최인아 대표는 '자발적으로 주도해 무언가를 만들어내는 생산자'로 사는 것이 인간에게 행복을 준다고 했는데, 그렇습니다. 인간은 자신이 결정하는 것을 좋아합니다. 결정당하는 것을 불편해하죠. 그리고 자신의 가능성과 소질을 발현하는 방식으로 무언가를 산출해내는 것이 바로 자아실현입니다.

통상적으로 우리는 미래에 좋은 결과를 가져오는 선택을 하려고 합니다. 그런데 이 경우에는 지금의 선택이 미래에 어떤 결과를 가

저올지 몰라서 두려워집니다. 그래서 본질적 선택을 해야 한다고 주장하는 것입니다.

본질적 선택은 결국 과정을 선택하는 것입니다. 결과는 내 마음대로 조정할 수 없습니다. 그러나 과정에서 내가 어떤 원칙을 세우고 노력할지는 내가 결정할 수 있습니다. '과정에서 최선을 다한 다음에는 그 결과를 받아들이자'는 태도로 살아가면 인생이 그렇게 고통스러워지지 않습니다. 내가 결정할 수 없는 결과에 연연하니까 인생이 고통스러워지는 겁니다.

어느 배우자든 그 사람 자체를 선택하고 어떤 진로든 자신을 행복하게 하는 일을 선택해야 합니다. 자신의 가능성을 펼치게 만들면서 타인에게 도움이 되는 일을 선택하면 삶에 대한 두려움이 훨씬 줄어듭니다. 현실적인 문제가 있기에 두려움을 전혀 느끼지 않기는 어렵지만 그래도 두려움이 내 삶의 만족을 갉아먹지는 않습니다.

이렇게 삶을 본질적 선택으로 채워갈 때 우리는 후회하지 않을 수 있게 됩니다. 후회는 내가 원하는 선택의 결과가 나오지 않을 때 합니다. 결과만 기대하고 선택했는데 원하는 결과가 나오지 않으면 실패감을 느끼게 되지요. 그러나 선택 자체에서 만족하면 원하는 결과가 나오지 않더라도 별로 영향을 받지 않게 됩니다.

미래의 결과는 내가 통제할 수 없습니다. 그리고 선택 자체에서 만족을 얻을 때는 미래의 결과가 그리 중요하지 않게 됩니다. 그렇기에 본질적 선택으로 인생을 채울 때 후회하지 않게 됩니다.

내 마음을 들여다보다

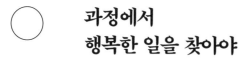

과정에서
행복한 일을 찾아야

사람마다 재능이 있는 분야에서 자기 자신을 추동해 나가는 힘이 다르기는 합니다. 치열하게 사는 유형이 있고 물 흐르듯 평탄하게 살아가는 유형이 있습니다. 재능을 어떻게 펼치며 살아갈 것인가도 각자의 성향에 따라 달라집니다. 자신의 가능성을 펼칠 수 있는 영역이 무엇인지를 아는 것도 중요합니다.

이런 이야기를 하다 보면 '당장의 생계가 문제'라는 말을 하시는 경우가 제법 있습니다. 저도 생계의 중요성은 잘 알고 있습니다. 그런데 우리가 어떤 일로 생계를 꾸리는가도 결국 우리의 선택이기는 합니다. 서비스 업종에서 다양한 사람을 만나는 일을 할 것인지, 특정의 기술을 배워서 물건을 만들어내는 일을 할 것인지도 자신의 적성에 따라 선택할 일입니다. 결국 인생은 어떤 적성을 개발할지 어떤 적성을 활용하며 살지의 선택인 것이지요.

정말 그 일이
나를 나일 수 없게 하는가?

결정된 것에 자신을 맞추어야 할 때, 수동적으로 될 수밖에 없을 때 인간은 소외감을 느낍니다. 직장이 나의 가능성을 자꾸 죽이고 내 아이디어가 일에 잘 반영되지 않는 경우도 있습니다. 그렇다면 그것이 이 직장의 고유한 조직문화 때문에 일어나는지 아니면 내 아이디어가 유효하지 않기 때문인지 생각해보아야 합니다.

내 아이디어가 늘 성공적으로 반영될 수는 없습니다. 그리고 사람 사는 곳은 어디에나 문제가 있다는 현실적 문제를 생각해야 합니다. 그럼에도 지금 자신이 하는 일이 자아실현을 막는다면 진지하고 심각하게 다른 일을 찾아야 하는 건 아닌지 생각해보아야 하겠지요. 그런데 혹시 자기가 자신을 과대평가해서 '내가 이런 대접을 받을 사람이 아니야'라는 생각에 고통받는다면 다시 생각해보아야 합니다.

일을 해서 돈을 벌 수 있는 곳은 어떤 식으로든 내 자유를 제한할 수밖에 없습니다. 그런데 돈은 벌고 자유는 제한받고 싶지 않다면 말도 안 되는 소망적 사고를 하는 것이죠. 마치 맛있는 것은 먹고 싶지만 화장실은 가고 싶지 않다는 것과 같습니다.

지금 하는 일의 어떤 측면이 나를 나이게 하지 못하는지를 잘 생각해보아야 내가 단지 게으른지 아니면 이 일을 계속하면 안 되는지 잘 파악할 수 있습니다. 무슨 일을 하면 적성에 맞을지 스스로에게 물어보아야 합니다. 당장 눈에 보이는 성과는 적더라도 질서를 잡아나가는 일을 하는 게 맞는지, 눈에 보이는 성과가 나타나는 일을 하는 게 맞는지, 숫자를 많이 다루는 일을 하는 게 맞는지, 숫자를 다루지 않는 일을 하는 게 맞는지, 예술적인 일이 맞는지, 변화가 적고 안정적인 일을 하는 게 맞는지 말입니다.

일을 열심히 하기보다 인정받는 데만 마음을 쏟지는 않는지도 생각해보아야 합니다. 인간은 자신이 잘하는 일을 좋아합니다. 소질에 맞는 일은 쉽게 잘하게 되기에 소질에 맞는 일을 찾는 것은 중요합니다. 그렇지만 막상 좋아하는 일을 한다고 해도 그 일을 노력 없이 쉽게 잘하게 되지는 않습니다.

일을 잘하게 되는 데 필요한 노력을 하면 그 일을 잘하게 되고, 그 일을 잘하게 되면 그 일을 좋아하게 되기 마련입니다. 그런데 결국 그 일의 내용을 좋아해야 그 일을 잘하는 데 필요한 노력을 할 수 있기에 재능과 소질을 거론하는 것입니다.

재능이 있어도
노력은 해야 한다

얘기가 돌고 도는 측면이 있지요? 그렇습니다. 그런데 인생에서 많은 일의 진실이 돌고 도는 측면이 있습니다. 그래서 결국 자신이 판단해야 합니다. 자신에게 안 맞는 일이어서 자신이 잘하게 되지 않는지, 잘하려는 노력이 부족한 탓에 잘하지 못해서 만족하기 어려워지는지 말입니다.

자신에게 아무리 재능이 있어도 필요한 수준의 노력을 하지 않으면 제대로 재능을 발휘하기는 어려워집니다. 어떤 경우에는 그저 자신이 인내력이 없는 것뿐인데 '적성에 맞지 않는다'고 정당화하기도 합니다.

자기 적성에 맞지 않는 데는 노력을 기울이기 어려워하는 사람이 있을 수 있습니다. 또한 자신의 특별한 적성이나 재능을 발견하지 못한 사람 중에는 아무것에나 어느 정도 노력을 기울일 수 있는 사람도 있습니다.

선택한 것을 잘하려는 노력을 얼마나 지속했는지 스스로 물어보아야 합니다. 결국 인간은 잘하는 일을 좋아합니다. 소질에 맞는 일을 찾으면 그 일을 잘하게 됩니다. 그런데 이 경우에도 소질에 맞기에 노력하는 데 에너지가 덜 드는 것뿐이지 노력을 안 해도 되는 것은 아닙니다.

만약에 자신이 아직 좋아하는 일을 찾지 못했다면 지금 하는 일을 잘할 수 있는 수준으로 노력해보는 것도 방법이 됩니다. 지금 하는 일이 아무리 생각해도 잘해봐야 의미가 없고 아무리 잘하게 되어도 그 일로 행복해질 수 없다면 과감히 일을 바꾸는 것도 고민해야 합니다.

그러나 제 인생 경험으로는 정말 그래야 할 경우는 그렇게 많지 않았습니다. 사람들이 자신이 하는 일을 마음에 안 들어하는 이유는 그 일의 내용과 성격이 마음에 안 들어서라기보다는 그 일로 자신이 받는 사회적 인정의 수준이 마음에 들지 않아서인 경우가 많았습니다.

하고 싶은 일만 하며
사는 사람은 없다

내가 하지 않는 일은 다 쉽고 내가 하는 일만 어렵다고 소설을 쓰면 안 됩니다. 회사에서 주어진 일만 하면서 '여윳돈이 있다면 당장 이 일을 때려치울 텐데' 하는 생각으로만 회사생활을 하는 사람과 '이왕 하는 거 다른 사람이 아닌 나만이 할 수 있는 방식으로 해보자'라고 생각하는 사람은 다른 결과가 나타납니다. 사실 전자의 태도는 자기 인생에도 불성실한 태도입니다.

그리고 이 일에서는 성실하지 않은데 저 일에서는 성실한 경우가 그리 많지 않습니다. 대체로 이 일에 성실하지 못했던 사람은 저 일에도 성실하지 못합니다. 아주 가끔 천부적 재능을 가진 사람들은 자신이 재능이 있는 분야는 놀랍게 잘해내고 재능이 없는 분야는 아무것도 못하기는 합니다. 그러나 이런 경우가 아니면 대체로 이 일에 성실하지 못했던 사람은 저 일에도 성실하지 못합니다.

하고 싶은 일만 하며 사는 사람은 없습니다. 하기 싫다고 느끼며 일했던 경험도 나중에 자신이 원하는 일을 하는 데 도움이 많이 됩니다. 저도 예전에 했던 행정학 공부가 살아 있는 철학을 하는 데 도움이 된다고 느낍니다. 이럴 줄 알았으면 학부 때 더 열심히 공부했을 것입니다.

만약에 가수가 하고 싶다면 '성공한 가수가 되지 않아도 노래할 때 행복할 수 있는가' 하는 질문을 해볼 필요가 있습니다. 가수가 받는 스포트라이트를 좋아하는지, 가수의 일 자체를 좋아하는지 점검해보아야 합니다. 자신이 정말 그 일을 좋아하는지 아닌지 알고 싶다면 박수가 없어도 그 일을 하고 싶은지 질문해보면 됩니다.

'내가 무엇을 할 때 가장 행복한가' '내가 무엇을 할 때 가장 내 가능성을 발현하는가' 하는 질문이 필요합니다. 일상적으로 표현한다면 '나는 무엇을 가장 신나게 하는가'라고 묻는 것입니다.

어떤 사람은 자기 자신을 원하지 않고 타인의 인정을 원합니다. 타인의 인정을 원하면 문제가 복잡해집니다. 동일하게 철학을 공부했는데 교수가 되지 않아 창피한 사람이 더 행복할지, 교수가 되지 않아서 현실적으로 사는 게 불편해도 원하는 공부를 해서 좋은 사람이 더 행복할지는 물어보지 않아도 알 수 있습니다. 이렇게 기준을 타인에게 두면 행복하기가 어렵습니다. 결국 외적 선택이냐, 본질적 선택이냐의 문제입니다.

외적 선택을 하는 사람은 근시안적으로는 이익을 얻는 것 같기 때문에 자신이 꽤 영리한 선택을 한다고 생각하지만 진정한 행복과는 거리가 먼 삶을 살게 됩니다. 결국 고민해야 할 것은 '그 일의 내용이 내 적성에 잘 맞느냐, 그리고 그 일로 내가 보람을 얻을 수 있느냐'입니다. 일의 내용이 적성에 맞으면 일하는 과정에서 행복할 수 있습니다. 그리고 과정에서 행복한 일을 할 때, 그 일의 성격이 나와 잘 맞을 때 우리는 인생의 대부분의 시간을 행복하게 지낼 수 있게 됩니다.

CHAPTER 3

•

마음의 소리를 들으려고 노력하다 보면 '내가 모르는 나'를 만나게 됩니다. 원래 자기가 자기를 모르는 법이지만 이 '무의식의 나'를 방치하면 '가짜 나'로 살게 될 위험성이 높아집니다. 가족이 나에게 미친 영향, 내가 주로 의존하는 방어기제, 나의 암묵적 전제, 내가 고착되어 있는 무의식적 소망 등을 알아가야 합니다. 그렇게 '내가 모르는 나'를 만나 '의식의 나'와 '무의식의 나'를 통합할 때 '온전한 나'가 됩니다. CHAPTER 3에서는 '무의식의 나'를 만나는 것을 얘기합니다.

내가
모르는
나를 만나다

가족이 나에게 미친 영향을 파악해야

나를 알아가는 과정에서 무척 중요한 부분은 부모님이 나에게 끼친 영향을 아는 것입니다. 심리학에서는 부모를 '중요한 타인'이라고 합니다. 사람의 인생에 가장 결정적 영향을 미치는 존재이기 때문이지요. 부모는 유전자를 물려줄 뿐만 아니라 경제적·정서적 환경을 거의 절대적으로 지배합니다.

시간이 지날수록 외면적으로나 내면적으로나 부모 모습과 기질을 닮아가는 사람들을 보며 '유전자의 결정력은 정말 대단하구나' 하는 것을 느끼게 됩니다. 신체적·정신적으로 부모는 상당한 영향을 미칩니다. 어른들이 '부모가 반팔자'라는 말씀을 하시는데 환경 차원에서도 그렇고 정신분석학적으로도 그런 것 같습니다. 부모의 어떤 특성을 유전적 이유로 닮기도 하고, 좋아서 닮기도 하고, 미워하다가 닮기도 합니다. 욕하면서 닮는다는 말도 있지요.

그래도 팔자(?)를 전적으로 결정한다고 하지 않고 반팔자라고 하는 데는 부모의 특성을 자녀가 어떻게 수용하느냐에 따라 자녀의 존재 방식이 달라지기 때문인 듯합니다.

부모가 자존감이 낮으면
자녀에게서도 약점을 찾는다

정신건강의학과 전문의 이무석 님의 『자존감: 나를 사랑하게 하는』 이라는 책에는 이런 구절이 있습니다.

> 남의 거울에 비친 나를 나로 착각하지 말자. 세상에는 다양한 거울들이 있다. 깨진 거울도 있고, 찌그러진 거울도 있다. 더러워진 거울도 있다. 이런 거울들은 내 모습을 제대로 보여줄 수 없다. 거울은 자기식대로 나를 보여준다. 그래서 우리 모습을 지나치게 찌그러지고 더러워진 모습으로 보여줄 수도 있다. 이 모습을 그대로 내 모습이라고 받아들인다면 우리는 자존감을 유지할 수 없다.

부모나 선생이 찌그러진 거울, 더러운 거울로 존재하는 경우가 참 많습니다. 사실 아무 문제 없는 거울을 찾기가 어렵지요. 모든 인간은 어떤 한계가 있기 마련이니까요. 어떤 부모는 책임감을 지나치게 강조해서 자녀가 무거운 책임감에 시달리게 만들기도 합니다.

그러나 그 부모로서는 당연히 해야 할 교육을 한 것일 수 있습니다. 부모 역시 책임감을 어느 정도로 강조해야 아이가 사회적으로 무책임하지 않은 성인으로 자라날지 예측하기는 어렵습니다. 그런데 부모가 똑같이 책임감을 강조해서 키워도 어떤 아이는 거기에 저항해 오히려 책임을 회피하려 들 수도 있습니다. 그러니까 아이가 영향을 어떻게 수용하느냐도 중요한 변수입니다.

그래서 부모의 양육 태도를 일괄적으로 규정하는 것은 위험합니다. 아무리 성찰적으로 부모 노릇을 할지라도 자기 경향성에서 자유로운 부모는 없습니다. 부모에게는 어떤 경향성이 있고, 자녀는 그 경향성의 영향을 받기 마련입니다. 그리고 모든 경향성에는 좋은 영향이 있고, 나쁜 영향이 있습니다.

부모 역시 한계 있는 인간임을 받아들이지 못하면 마음에 안 드는 자기 모습의 원인을 부모 탓으로 돌리게 됩니다. 그래서 요즘에 부모 노릇 하겠다는 사람이 그렇게 없는지도 모릅니다. 부모에 대한 기대가 높으니 그런 부모 노릇을 해낼 자신이 없는 것이죠.

양육자가 자존감이 높은 경우와 자존감이 낮은 경우 그 영향이 자녀에게 나타나는 것은 사실입니다. 자존감은 사람이 세상을 만나고 사람을 대하는 기본 태도를 결정지으니까요.

자존감이 낮은 사람은 자신이 만나는 모든 타인에게서 약점을 찾으려 합니다. 자신이 못나지 않았다는 증거를 찾고 싶은 무의식으로 타인에게서 자꾸만 약점을 찾는 것이죠. 그러면서도 당사자는 자신이 그러고 있다는 것을 알지 못합니다. 즉 자신이 끊임없이 옆 사람의 약점을 찾으면서 깎아내린다는 것을 의식하지 못합니다.

그러면 그 사람 옆에 사람이 별로 남아 있지 않게 됩니다. 옆 사람을 깎아내리는 데 골몰하는 사람을 좋아할 리는 없으니까요. 그래서 그 사람은 다시 또 '나는 왜 이렇게 인복이 없냐'며 한탄하지요. 자신이 옆 사람들을 힘들게 해서 사람들이 자기 곁을 떠나갔다는 사실을 인식하지 못합니다.

이런 상황은 부모 자녀 간에 더 심각한 문제로 드러납니다. 부모가 자존감이 낮으면 자녀에게서도 약점을 찾으려 합니다. 자꾸 자녀의 약점을 거론해 자존감을 상하게 하면서도 "너는 왜 그렇게 자존감이 낮니?" 하며 또 괴롭힙니다. "너는 너만 안다. 부모는 안중에도 없다"라는 식의 말을 자주 하면서 가스라이팅까지 하는 경우도 있습니다. 정말 좋은 부모는 자신이 부모 노릇을 잘했는지 살피느라 자녀가 자신에게 어떻게 하는지에는 그리 관심을 두지 않습니다. 자녀가 잘했나, 못했나를 자주 거론한다는 것 자체가 그 사람이 부모 노릇을 성찰하지 않는다는 것을 말해줍니다.

자존감이 낮은 부모들은 자녀가 자신의 자존감을 높여주는 존재가 되기를 바라는 마음, 자신의 인생 트로피가 되기를 바라는 마음이 있다 보니 자녀가 자기 기준을 채우지 못할까봐 전전긍긍합니다.

이런 부모는 1등 성적표를 가지고 집에 갔는데 문제 하나 틀린 것을 거론하며 그것만 맞았으면 만점이라고 아쉬워하는 모습을 보일 수 있습니다. 아이가 인정받고 싶어 할 것이라는 생각은 하지 않고 자신의 아쉬움에만 주목하는 것입니다.

자존감 문제가 심각한 부모일수록 자녀를 비난하는 강도가 세집니다. 자신의 자존감을 높여주지 않는 자녀가 원망스럽게 느껴지기 때문입니다. 자녀는 어릴 때는 아무것도 모르고 부모의 그러한 집중 포화를 받다가 결국 어느 날 터지게 되고 맙니다. 성인이 되어서도 부모의 지나친 개입에 고통당하다가 절연을 선언하기도 하지요.

오히려 적절한 때 터진 사람은 낫습니다. 너무 착하고 자기 경계를 지키지 못하면서 참아내다가 서른 살이 넘어 결국 정신적 문제에 시달리게 되는 경우도 많습니다.

내 경계를 침범하는 사람과는
거리 두기를 해야

내 경계를 침범해 들어오는 말을 하는 사람들과는 거리 두기를 할 줄 알아야 합니다. 이런 사람들 옆에 있으면 무언가 불편합니다. 그럴 때 '지금 왜 불편하지? 어떤 말이 나를 힘들게 하지?' 이런 물음을 해 버릇해야 내 마음을 들여다볼 수 있습니다.

부모님이나 선생님도 삶에서 자기 잘난 맛을 충분히 느끼지 못하면 옆 사람을 무시해서 잘난 맛을 찾으려 할 위험이 있다고 했습니다. 그래서 이런 분들이 옆에 있으면 조심해야 합니다. 조언이라는 명분으로 내 경계를 침해하는 말에는 분명히 경계를 그어야 합니다. 『자존감: 나를 사랑하게 하는』에는 이런 구절이 있습니다.

> 어릴 때 당신에게는 아버지 거울, 어머니 거울, 선생님 거울, 친구 거울 등 다양한 거울들이 있었을 것이다. 어릴 때는 비판능력이 없어서 그 거울들이 가지고 있는 특성을 알지 못했다. 거울이 깨진 것을 보지 못하고 거기에 비친 내 모습이 깨진 것이라고 믿었다. 그래서 비난의 거울, 무관심의 거울, 비교의 거울에 비친 자기 모습을 보고 위축될 수도 있었을 것이다. '나는 관심을 끌 아이가 못 돼. 나는 엄마의 마음에 드는 아이가 아냐?' 그리고 '형에 비해서 나는 무능해'라는 열등감이 생겼을 수도 있다. 어릴 때는 그럴 수도 있다.

성장 과정에서는 누가 나에 대해 말해주는 것에 많은 영향을 받게 됩니다. 오래도록 담당했던 교양과목에서 '나는 누구인가'라는 주제로 과제를 냈습니다. 자기 자신을 아는 데 도움을 주기 위해서

였습니다.

학생들이 자기 삶을 되돌아보며 가장 많이 호소하는 문제가 형제 간 비교였습니다. 친척이나 지인들은 외모, 성적, 인성 등으로 누가 제일 낫니, 누가 제일 빠지니 하는 말들을 했습니다. 그런 말을 듣지 않아도 형제보다 성적이 안 좋으면 당사자가 지레 위축됩니다. 그런 상황에서 평가적 언어까지 듣게 되면 그 언어에 의해 결정되기 쉽습니다.

사람은 그냥 사람 자체로 받아들여야 하는데, 능력으로 줄을 세워서는 누가 누구보다 위인지 아래인지를 꼭 확인하려 드는 것이 우리의 습성입니다. 세상에는 능력을 기준으로 해서 그 사람을 어느 정도 인정해줘야 하는지를 결정해놓으려는 경향이 있습니다.

이는 우리가 머릿속에서 그 사람에 대한 인상을 간편하게 형성해놓으려고 하기 때문입니다. 빨리 인상을 형성해놓고 더 생각하지 않으려 하는 특성은 비철학적입니다. '저 사람은 이런 사람이구나' 하는 식으로 빨리 낙인을 찍어놓고 머릿속에서 더 생각하고 싶어 하지 않는 태도이지요. 이는 적나라하게 말하면 존중해야 할 사람인지 무시해 치워야 할 사람인지를 빨리 결정 지으려 하는 경향입니다.

심리학자 토니 험프리스는 "인간의 가치를 평가하려는 태도, 그 사람이 한 일의 성과를 통해 그 사람을 평가하려는 태도는 사람의 존재에 그림자를 드리운다"라고 말한 바 있습니다.

평가 앞에서 사람은 위축되기 마련입니다. 그런데 사람은 타인을 대할 때 그 사람을 머릿속에서 어떤 칸에 넣어두려는 경향이 있기에 자신도 모르게 자꾸만 타인에 대해 평가적 언어를 쓰게 됩니다. '좋다/나쁘다/더 좋다' 등의 평가를 하게 됩니다.

그런데 평가적 언어는 듣는 사람을 위축시킵니다. 누군가를 칭찬하는 일은 좋다고 여겨지지만 칭찬 역시 평가적 언어이기에 듣는 사람에게 부담을 줍니다. 외모에 대한 평가적 발언을 하지 말아야 하는 것은 이제 상식이 되고 있습니다.

평가적 발언은 그것이 아무리 좋은 내용이어도 사람에게 부담을 줍니다. 당사자에게도 부담을 주고 그 옆에 있는 사람도 '아, 나는 칭찬받을 만하지 않구나' 하는 생각을 하게 만듭니다.

자기 자신이 되려면 내가 성장 과정에서 어떤 영향을 크게 받았고 그 영향으로 지금의 내가 어떠한지를 아는 일이 매우 중요합니다. 자신에게 가장 큰 영향을 준 유아기의 경험이라든가 형제간 비교라든가 부모의 양육 태도로 자신이 가지게 된 특성 등을 잘 알게 되면 내가 어떤 영향을 받아 지금 모습을 하게 되었는지를 알게 됩니다.

나답게 사는 첫걸음,
부모가 내게 미친 영향을 아는 것

부모님의 성향에서 영향을 받는다는 것은 모든 인간의 숙명입니다. 오죽하면 반팔자라는 말까지 있겠습니까…. 인간은 부모에게서 어떤 영향을 받을 수밖에 없고 결국 그 영향에서 자유로워지는 것이 인생에서는 중요한 과제가 됩니다.

가족과의 관계는 사실 매우 어렵습니다. 아주 밀접한 관계이기에 서로에게 주는 상처가 더 깊습니다. 가족이라는 이유로 서로에게 기대하는 바가 더 크기에 상처도 깊기 마련입니다.

원가족과의 관계는 결혼으로 꾸리게 되는 가족관계에도 영향을 미칩니다. 그러므로 가족관계가 나에게 어떤 영향을 주었는지, 그 악영향을 극복하려면 어떤 노력을 해야 하는지 아는 것은 중요합니다.

가장 힘든 관계,
가족

부모-자녀 관계라고 해서 악영향이 전혀 없어야 한다고 잘못된 전제를 하면 곤란합니다. 사람과 사람의 관계가 좋기만 할 수는 없습니다. 부모라고 해서 완벽할 수는 없습니다. 또한 그러한 부모를 어떻게 받아들이느냐에 내 특성도 개입되므로 모든 것에 부모 탓을 하는 것은 적절하지 않습니다.

부모와 파동이 맞으면 맞는 대로, 맞지 않으면 맞지 않는 대로 우리는 부모의 영향을 받으며 성장합니다. 그런데 그 영향을 어떻게 받아들이느냐에도 내 특성이 연관됩니다.

자녀가 여럿일 때 어느 자녀는 부모의 좋은 영향을 많이 받고, 어느 자녀는 부모의 나쁜 영향을 많이 받습니다. 부모의 다양한 특성은 다양한 방식으로 자녀에게 영향을 미칩니다. 어떤 사람은 좋게 받아들일 수 있는 것도 굳이 나쁘게 받아들이고, 어떤 사람은 대부분의 사람이 나쁘게 받아들일 만한 것도 좋게 받아들입니다. 중요한 점은 부모님과 내 파동이 서로 어떠했는지 파악해야 한다는 것입니다. 그래야 자기 자신을 바라보기 시작할 수 있으니까요.

이 부분이 잘 의식화되지 않는다면 마음을 나누는 친구들과 대화를 해보는 것이 좋습니다. 부모님이 이러셔서 나는 이런 마음이 될 때가 많았고 그게 나에게는 이러이러하게 해석되었는데 너희가 느낄 때는 어떠냐는 식의 대화를 친구들과 깊이 있게 해보는 것이 좋습니다.

그렇게 되면 친구마다 부모님과 관계가 어떠했는지 얘기하게 됩니다. 그러면 내 부모님과 다른 부모님들의 차이에서 내 부모님의 특성을 더 잘 이해하게 됩니다. 그리고 그러한 부모님에 대한 내 해석이 어떠한지도 알게 됩니다. 그 해석이 타당한 부분도 있고, 나만의 방식으로 왜곡하는 부분도 있을 것입니다. 나만의 방식으로 왜곡하는 부분에서 내 특성을 느껴볼 수 있습니다. 다른 사람들이 의아해하며 "왜 그렇게 생각해?"라고 하는 부분을 다시 생각해보면서 말입니다.

부모님을
거리를 두고 볼 수 있어야 한다

청소년기에 방황을 많이 한 어느 유명인이 부모님을 그렇게 해석하는 자기 자신의 특성도 중요한 것 같다고 말하는 것을 들은 적이 있습니다. 이런 깨달음은 부모님을 원망하는 마음에만 빠져 있지 않았기에 얻은 것으로 보입니다. 자기 부모를 미워하면서 행복해질 수 있는 사람은 없습니다. 그래서 어떤 방식으로든 이 미움에서 자유로워져야 합니다.

우선 부모를 100% 사랑할 수는 없다는 것부터 받아들일 필요가 있습니다. 인간의 마음 자체가 원래 100%일 수 없습니다. 사랑도 미움도 100%일 수는 없습니다. 부모님에게는 양가감정을 느끼는 것이 당연하고도 자연스러운 일입니다. 좋기도 하고 싫기도 한 것이 정상입니다. 부모님에게 저항감을 느끼는 것은 인간의 성장에서 통과의례 같은 일입니다. 부모님에게 양가감정을 느껴가면서 이렇기도 하고 저렇기도 한 복잡한 자기 마음을 들여다볼 줄 알아야 합니다.

나라는 존재에게 가족이 어떤 영향을 주었는지를 잘 파악하지 않고서 본연의 마음을 느낄 수는 없습니다. '내 안에 이렇게 큰 미움이 있구나'라든지 '내 안에 이렇게 복잡미묘한 마음이 있구나'를 알아차려야 합니다.

그럼 이것을 어떻게 알아차릴 수 있을까요? 부모에 대한 원망에 빠져 있으면 이는 도무지 가능해지지 않습니다. 내 모든 에너지가 '엄마는 나에게 이러이러해야 했어' '아빠는 나에게 이러이러해야 했어'로 쏠려 있는데 무슨 재주로 자기 마음을 들여다볼 수 있을까요? 부모도 나라는 존재를 자녀로 선택하지 않았고, 나 역시 부모를 부모로 선택한 적이 없습니다. 우리는 어쩌다 부모-자식이라는 인연으로 만나 이 세상을 살아갈 뿐입니다.

부모는 부모의 한계로 나를 대할 테고, 나도 내 한계 안에서 부모를 대할 것입니다. 누구는 몇 점짜리 부모이고 누구는 몇 점짜리 자녀인지 판단해줄 사람이 있나요? 내 점수는 좋은가요? 그걸 또 점수를 매겨서 뭐 하겠습니까? 그렇다고 바뀌는 것도 없는데 말입니다. 점수를 매기고 싶은 마음은 상대방에게 잘못했다고 말하고 싶은 심정에 따른 것일 뿐입니다.

아주 특별한 경우가 아니면 우리는 그저 서로 잘하기도 하고 잘못하기도 하면서 살아갑니다. 법륜 스님도 '부모님에게 상처 입었다'는 어느 자녀분에게 "당신 부모님이 더 상처 입었어요"라고 하시더군요. 부모 역시 자녀를 사랑하기에 자녀의 말과 행동에 상처를 입습니다. 자녀는 부모님이 본인 때문에 상처받을 수 있다는 사실을 알기 어렵지만 말입니다.

부모가 나에게 미친 영향을 파악해야 그 부모와의 관계를 어떻게 할지 결정할 수 있습니다. 이 결정은 '부모라는 자리에 있는 그분' 역시 한 인간일 뿐이라는 진실을 봐야지만 해낼 수 있습니다. 우리는 마치 부모는 원래부터 부모로 태어나기라도 한다는 듯이, 인간이기 이전에 부모여야 한다는 듯이 부모에게 기대하는 바가 많지만 부모 역시 부모이기 이전에 한 인간일 뿐이라는 진실을 보자는 것이죠.

이 진실을 내가 부모가 되어서야 보는 경우가 많습니다. 예를 들면 '그때 엄마 그 말에 나 너무 상처 입었는데, 그때 엄마 나이가 지금 내 나이보다 어렸네. 어른이 된 나 역시 지금 좌충우돌하며 겨우 살아내는데 엄마 역시 겨우겨우 살아내느라 그런 것일 뿐이었겠네'라는 식으로 말이지요. 부모 역시 부모이기 이전에 인간임을 받아들여야 조금 더 확장된 시야로 문제를 볼 수 있습니다.

한마디로 부모님을 거리를 두고 볼 수 있어야 한다는 것입니다. 그래야 내가 그렇게까지 매달려야 할 문제는 아니라거나, 거리를 두고 보니 이해가 되기는 한다거나, 너무 용서하기 어려우니 이 관계에서 더는 영향을 받지 않기로 한다거나 하는 식으로 정리할 수 있습니다.

원망에 빠져 있는 만큼
내가 살아갈 에너지만 부족해진다

누군가는 어릴 때 어머니가 이모와 통화하면서 자신을 두고 "내가 쟤만 없어도 이혼했지"라고 하는 말을 들었다고 합니다. 그것이 큰 상처가 되었다고 하더군요. 어머니가 자기 존재를 원하지 않는다는 듯 느껴졌을 테니 왜 안 그렇겠습니까. 그런데 오랜 세월이 흐르고 나서 그날 엄마가 아버지의 내연녀를 만나고 왔음을 알게 되었다고 하더군요.

부모님은 부모님의 한계 안에서 나를 대하셨을 것입니다. 당연히 부모로서 적합한 행동도 하시고 적합하지 않은 행동도 하실 것입니다. 그런데 인간은 좋지 않은 점에 주목하기 마련이라 부모님의 좋은 점은 당연하게 여기고 부정적 측면에만 주목할 확률이 높습니다. 부모님의 좋은 점은 나에게 불편을 끼치지 않기에 당연하게 여기기 쉽습니다.(그러다가 부모님이 돌아가시고 나서야 부모님의 좋은 모습을 인식하는 경우도 많습니다.)

우리는 살면서 부모님의 약점에만 주목하기 쉽지만 살다 보면 더 놀라운 부모님도 많다는 것을 알게 됩니다. 어쩌면 세상에 문제 있는 부모가 얼마나 많은지를 모르기에 내 부모에 대한 원망에 빠져 있는지도 모릅니다. 고아로 자랐는데 대학생이 되었을 때 복지사의 연락을 받고 중풍 투병 중인 아버지를 간호하는 사람도 저는 본 적이 있습니다.

그런데 오히려 아이를 낳고 보니 자기 부모가 더 이해되지 않는 경우도 있습니다. 이렇게 예쁜 아이에게 어떻게 그럴 수 있었을까 더 이해되지 않는 것입니다. 그렇다면 그 부모는 내 마음에서 내보내야 합니다. 그런 사람들을 계속 마음으로 부여잡고 고통받는 것은 좋지 않습니다.

원망에 빠져 있는 만큼 내가 살아갈 에너지만 부족해집니다. 원망에 빠져 있는 내 마음으로 나만 힘들어질 뿐이죠. 정 어렵다면 '부모 운이 없다면 다른 운은 좋겠지' 하는 생각으로라도 마음을 돌리는 편이 낫습니다. 이미 안 좋은 영향을 받았는데 그 영향의 여파를 지속하는 방식으로만 생각을 가져가는 것은 피해야 합니다.

나를 존재하게 해주었지만 도무지 그 사람과 함께해서는 내가 나다울 수 없는 그런 인격파탄자들을 부모라는 자리에 계속 두고 무언가를 기대하는 것은 나 자신을 위해서도 못 할 일입니다. 사과를 하

내가 모르는 나를 만나다

거나 미안해하는 것, 자신이 어떻게 했는지 진실을 보는 것 등이 안 되는 사람을 두고 왜 부모인데 그걸 안 하냐고 원망해봐야 내 에너지만 빠집니다. 내 인생을 건강하게 이끌어가는 데 써야 할 소중한 에너지를 바꿀 수 없는 일에 소모하는 것은 너무나 아까운 일입니다. 분명한 것은 원망에 빠져 있을 때 가장 손해를 보는 사람은 나라는 사실입니다.

이쯤에서 누가 그걸 모르냐고, 안 되는데 어쩌냐고 볼멘소리를 하고 싶은 분도 있겠지요. 머리로는 알아도 실제로 그렇게 하기는 쉽지 않으니까요. 정말 안타까운 일입니다. 저는 생각의 방향을 얘기하고 있습니다. 생각의 방향을 이렇게 잡고서 원한 감정을 내려놓고 마음이 자유로워지는 방향으로 노력하는 것 외에 우리가 할 수 있는 일은 없으니까요. 언젠가 부모는 부모의 한계 안에서 나를 대했다는 것을 받아들일 수 있기를 기원합니다. 여러분 자신을 위해서 말입니다.

부모님에게 좋은 영향만 받는 사람은 없습니다. 어른이 된다는 것은 부모가 자신에게 어떠한 영향을 미쳤는지를 알고 그 영향을 조절하게 된다는 뜻입니다.

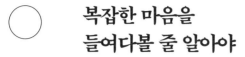

복잡한 마음을
들여다볼 줄 알아야

내가 '진짜 나'가 되려면 따라야 할 나의 경향성도 있지만 따르지 말아야 할 경향성도 있습니다. 트라우마로, 주변의 나쁜 영향으로 인해 나에게 왜곡되게 형성되어 있는 경향성이 있으니까요. 모두 내 경향성이긴 하나, 어느 경향성은 따라야 하고 어느 경향성은 따르지 말아야 합니다.

나에게는 본래적 자기를 형성하게 하는 경향성이 있고, 따르기는 쉽지만 그걸 따랐을 때 내 존재가 결국 부인되는 경향성도 있습니다. 예를 들어 충동구매를 하고 싶은 경향성, 도박을 하고 싶은 경향성 등은 그것을 따랐을 때 궁극적으로 내가 행복해질 수 없습니다.

자신이 외면하고 있는
자기 안의 미움을 들여다보자

내가 따라야 할 경향성을 파악하려면 내 본연의 마음을 가리는 것을 잘 걷어내야 합니다. 누군가를 미워하면서 궁극적으로 행복해질 수 있는 사람은 없습니다. 지금 당장 원망하고 싶은 대로 원망하는 쪽으로 흐르는 생각을 그냥 따라가서는 미래에 '내가 원하는 나'가 되어 있기는 어렵습니다.

어떤 분이 이런 말을 했습니다. 어릴 때 부모님이 불화가 심해서 자신은 터널을 걷는 기분으로 살았답니다. '우리 부모님은 왜 그러시나' 원망하는 마음에 가출도 해보았지만 생활을 할 수 없어서 결국 집으로 돌아온 후 이렇게 생각했답니다. '그래, 부모님은 나를 낳아주신 것으로 책임을 다한 거야. 부모님에게 뭘 더 바라지 말고 나는 내 생활을 하면 되는 거야'라고 말입니다. 이렇게 마음을 바꾸니까 자신을 그렇게 불행하게 하던 부모님의 불화가 더는 아무것도 아니게 되더라는 것입니다.

생각의 힘이 이렇게 셉니다. 생각을 바꾸면 마음을 바꾸기가 쉬워집니다. 생각은 논리로 교정이 가능하기에 더욱 힘을 발휘할 수 있습니다. 상위 차원에서 검토해봄으로써, 즉 생각을 검토해봄으로써 더 좋은 생각으로 바꾸어 나갈 수 있으니까요.

원인을 아는 만큼
원인에서 자유로워질 수 있다

모든 인간관계에는 그 사람의 원가족과의 관계가 영향을 미칩니다. 특히 배우자나 연인과의 관계는 더하지요. 부모님이 자신에게 미친 영향을 파악하고 부모님의 인간적 결여를 이해해야 부모님의 나쁜 영향으로부터 자유로워질 수 있습니다. 부모님의 인간적 결여를 용서하든 인정하든, 부모님 자체를 포기하든 해야 합니다. 그러지 않으면 내 안에 남아 있는 부모님의 나쁜 모습과 화해하지 않게 되고, 그러면 부모님의 나쁜 모습을 답습하게 됩니다. 이 얘기를 시작해보죠.

『프로이트의 의자』의 저자인 정신건강의학과 전문의 정도언은 "우리의 마음속 깊은 곳 무의식에는 지금까지 살아오면서 경험한 다른 사람들과의 관계가 침전되어 데이터베이스로 저장되어 있다"라고 말합니다. 그래서 스무 살 이전에 자신이 부모님에게서 받은 영향을 이해하는 것은 매우 중요한 일입니다.

정신분석학은 지금 우리를 불행하게 하는 과거의 원인을 찾아줍니다. 물론 과거 탓만 해서는 안 됩니다. 그렇지만 과거의 원인을 아는 것은 아주 중요합니다.

무엇이 지금의 나를 이렇게 논리가 작동되지 않도록 심리적으로 왜곡하는지, 무엇이 나를 이유 없이 우울하게 하고 불행감에 빠져 있게 하는지를 최대한 정확히 아는 것이 중요합니다. 지금의 나를 불행하게 만든 과거의 특징적 원인을 알아야 그 원인에서 자유로워질 수 있으니까요.

원인을 아는 만큼 원인에서 자유로워질 수 있습니다. 사실 원인을 안다는 것 자체가 어느 정도는 문제를 넘어섰음을 말합니다. 문제 자체에 빠져 있으면 원인을 알기 어려우니까요. 그래서 내 처지에만 빠져 있지 말고 문제를 넘어서는 방식으로 생각해보려는 노력이 필요합니다. 이런 노력으로 과거가 바뀌지는 않지만 과거에 대한 해석이 달라질 수는 있습니다.

나도 타인도 부모님도 모두
자기보호의 원칙에 입각해서 생각한다는 진실

심리학적 지식을 접한다고 하더라도 철학적 성찰력이 있느냐 없느냐에 따라 많은 것이 달라집니다. 철학적 성찰력은 심리학 지식을 폭넓게 이해할 수 있게, 잘 활용할 수 있게 하고, 심리학 지식을 기반으로 생각을 잘할 수 있게 도와줍니다. 이렇게 말입니다.

인간 이하의 부모에게 학대를 당하는 아이들이 당치도 않은 죄책감을 느끼는 경우가 있다고 합니다. 왜 그럴까요? 아이로서는 부모가 나쁜 사람이라고 생각하면 자신은 이 불행에서 빠져나갈 방법이 없기 때문입니다. 그러니까 이 불행의 원인은 자신이어야 하는 것입니다. 자기를 바꾸면 불행이 끝날 수 있다고 생각해야 이 아이는 살 수 있는 겁니다.

'내가 나빠서 엄마가 저러는 거다. 내가 착해지면 엄마가 날 사랑해줄 거다'로 생각을 가져가는 것이 아이에게는 편한 것입니다. 이런 식으로 인간의 생각과 마음은 진실을 향해 가는 것이 아니라 '자기보존'이라는 원칙에 따라 움직입니다.

이 경우에도 아이로서는 만약에 자기가 나쁜 아이가 아닌데 부모가 그렇게 행동한다고 하면 문제를 해결할 수 없다는 절망감에 시달려야 합니다. 그래서 개선책이 있다고 생각하고 싶어집니다. 자신이 어쩔 수 없는 요소인 부모가 아니라 자신이 행동을 바꾸는 개선책을 내놓으면 상황이 바뀔 것이라고 기대하고 싶은 것입니다. 뇌는 이렇게 절묘하게 자기보호를 향한 방향으로 생각을 가져갑니다.

이렇듯 인간의 마음과 생각이 얼마나 에너지를 줄이는 방향으로 가는지를 이해하면 심리학을 이해하기도 쉬워지고, 심리학 지식을 바탕으로 자신과 타인을 이해하기도 쉬워집니다. 어떤 경우에는 자신이 이해한 바를 심리학 관련 책에서 확인하게도 됩니다.

인간의 생각과 마음이 자기보존의 원칙에 따라 움직인다는 것을 이해하는 것은 중요합니다. 그렇지 않으면 나를 괴롭히는 남들 때문에 못살겠다고 생각하게 됩니다. 나 역시 자기보존의 원칙에 따라 생각하고 있다는 사실은 의식하지 못한 채 타인이 그러는 것만 보며 괴로워하게 되니까 말입니다.

문제는 남 탓, 과거 탓만 하고 이 상황을 개선하려고 노력하지 않는 것입니다. 가끔 정신분석이 지금 상황을 개선하려는 노력을 안 해도 되는 면피용 근거로 활용되기도 합니다. 남을 원망할 좋은 명분을 찾는 쪽으로만 활용하는 것이죠. 양육자가 나를 이렇게 만들었다든가 지금의 상사가 내 트라우마를 건드렸다든가 하는 설명에 안주하는 경우입니다.

그러나 누구에게나 트라우마가 있고 또 그 트라우마를 견디며 살아가고 있습니다. 유난히 트라우마 타령을 하는 사람들은 타인에게는 트라우마가 하나도 없고 자신에게만 트라우마가 있는 것 같은 태도를 취하기도 합니다.

심리상담가들은 "상처를 받았다는 것은 상처를 주었다는 것"이라는 말을 한다고 합니다. 자신이 받은 상처에 집중하는 사람일수록 자기는 상처를 받기만 하는 사람이라고 착각하면서 자신이 상처를 주었을 가능성은 전혀 생각하지 않기에 이런 말이 있는 것 같습니다.

그러나 누구나 의도치 않게 상처를 주고 상처를 받는다는 것이 인생의 진실입니다. 자신이 상처를 받기만 하고 전혀 주지 않는다고 생각한다는 것 자체가 그 사람이 얼마나 반성 능력이 없는 사람인지를 보여줍니다. 그렇게 되돌아볼 능력이 없는 사람은 다른 사람에게 상처를 주게 됩니다.

자신이 상처를 줄 가능성을 인지하고 살펴야 상처를 주지 않게 됩니다. 남들만 상처를 주고 자신은 상처를 주지 않는다는 소설을 쓰면 곤란합니다. 1차적 인식에만 매몰되는 경우이죠. 우리는 모두 자신이 타인에게 상처를 줄 가능성을 돌아볼 줄 알아야 합니다.

'나는 상처를 받기만 하는 사람이고 남들은 나에게 상처를 주기만 하는 사람들'이라는 인식의 편향에 빠져 있으면 자기 마음을 들여다보기 어렵습니다. 오히려 나는 어떤 상처를 잘 받는 사람이고 또 어떤 상처를 잘 주는 사람인지를 아는 것이 나를 아는 데 도움이 됩니다.

내 마음을
들여다보는 법

마음을 들여다본다는 말 자체를 이해하기 어려워하는 경우가 많습니다. 그것은 자기 안의 생각 흐름, 마음 흐름을 의식하기가 어렵기 때문입니다.

지금까지 말해온 것이 사실 마음을 들여다보는 법입니다. 마음을 들여다보려면 자기 안의 죽음을 두려워하는 마음을 느껴봐야 하고, 자신에게 가족 구성원들이 미친 영향을 느껴봐야 합니다.

내 인생에는 마음에 드는 것도 있고, 마음에 들지 않는 것도 있습니다. 그런데 우리는 마음에 안 드는 것에 주목하는 인식방식을 가졌기에 불행하기가 쉽습니다. 불행감을 느끼면 마음을 들여다보지 못한 채 불행감을 피하려고만 하게 됩니다.

자기객관화를 하는
여러 가지 방법

자기가 잘난 사람이기를 바랄 때 자존감이 낮아집니다. 자신에 대한 기대가 너무 높은 것이죠. 남들은 인정해주는 일조차 자신은 별것 아니라고 생각하는 경우가 많습니다. 자존감이 낮으면 자신을 마음에 안 들어하는 데 에너지를 빼앗겨서 자신이 하는 일의 성취도가 떨어지게 됩니다. 이렇게 되면 자신의 성취에 실망하게 되고 다시 자존감이 더 떨어지는 악순환에 휘말리게 됩니다.

정신건강의학과 전문의 허규형은 『나는 왜 자꾸 내 탓을 할까』에서 자존감이 낮은 사람은 칭찬일기를 쓰는 것이 좋다고 권합니다. 매일 자신이 한 일 중 잘한 일 세 가지를 쓰는 것입니다. 이것을 쓰기가 어려울수록 자존감이 낮은 것입니다.

'잘한 일이 없는데?' 하는 생각을 하기가 쉽겠지만 하루에 한 일 가운데 잘한 일 세 가지는 반드시 있을 수밖에 없습니다. 이것은 상대적인 것이니까요. 물론 처음에는 그걸 쓰기가 민망하겠지만 자꾸 쓰다 보면 어떤 일이 잘한 일인지 점점 인식하게 되어 더 많은 걸 쓸 수 있게 됩니다. 그리고 스스로 고무되어 점점 더 많은 걸 잘하게 됩니다. 칭찬일기는 부정적으로 기울어진 자기인식을 교정하는 노력에 해당합니다. 제가 주장하는 교정적 인식을 활성화하는 방법입니다. (교정적 인식은 자신이 생각하기 어려운 측면에 강조점을 두어 생각하는 것입니다. 예를 들면 타인과 갈등할 때 상대방이 타당할 가능성을 생각하기 어려우니 일부러 이를 강조해서 의식하는 것이죠.) 허규형에 따르면, 실제 진료실에서 많은 사람이 자기비난을 멈추는 데 칭찬일기 쓰기가 도움이 되었다고 고백했다고 합니다.

자기비난을 하지 않는 데는 100% 사고의 문제점을 인식하는 것도 중요합니다. 모든 것을 잘해야 한다는 100% 사고는 자기 자신을 갉아먹습니다 100% 학생다운 학생도 없고, 100% 부모다운 부모도 없습니다. 다만 우리는 조금 더 나은 학생이도록, 조금 더 나은 부모이도록 노력할 수 있을 뿐입니다.

나를 바라보는 구체적인 방법을 정신건강의학과 전문의 김정수는 "마음속에 떠오르는 생각을 어떻게 하려 하지 말고 떠오르는 그대로 볼 수 있는 여유가 있다면 나는 생각을 그냥 바라만 보게 된다"라고 한 바 있습니다. 이는 명상 방법이기도 합니다. 나에게 일어난 생각에 반응하는 것이 아니라 그러한 생각을 하는 나 자신을 바라보는 것이지요. 또한 김정수는 『나는 누구인가? 나는 무엇인가?』에서 이렇게 말합니다.

가령 '나는 형편없고 쓸모없는 사람이야!'라는 생각이 든다면 그것을 사실이라기보다 하나의 생각으로 받아들이고 그 생각을 내려놓을 때 생각은 더 이상 나를 어떻게 하지 못한다. 이 같은 경험은 생각을 다스리는 능력을 키워줄 뿐만 아

188
•
CHAPTER 3

니라 자기효능감과 자존감을 높여준다. 생각과 사실을 구별하기 위해서 들어오는 정보를 있는 그대로 받아들일 수 있는 차분한 마음을 가져야 한다.

'생각과 사실을 구별하기 위해서 들어오는 정보를 있는 그대로 받아들일 수 있는 차분한 마음'은 철학에서 요구하는 태도입니다. 내가 지금 이런 생각을 하는데 이것이 근거가 있는 생각일까, 나만 그렇게 생각할까, 아니면 남들도 그렇게 생각할까 등을 자문해보는 것입니다. 이는 자기객관화 방법 가운데 하나입니다.

철학은 생각의 연쇄에 딸려 가는 것이 아니라 그러한 생각이 타당한지 타당하지 않은지를 따져보는 작업입니다. 생각에 관한 생각이지요. 생각에 관한 생각을 해 버릇하면 자연스럽게 그러한 생각을 하는 나 자신을 바라보게 됩니다. 자기 생각에 관해 생각하다가 그런 생각을 하는 나도 의식하게 되는 것이지요.

마음을 들여다보는 것과 관련해서 정신건강의학과 전문의 박상욱은 "내 안에서 일어나는 분노를 관찰하고 조망할 수 있는 '틈'을 만들어주는 것에 가깝다. 스스로 그 틈을 만들어내면 좋겠지만 그게 잘 안 되니까 약이 돕는 것이다"라고 합니다. 성찰은 바로 이 작업, 스스로 틈을 만드는 작업입니다. 틈을 만드는 것은 거리를 두고 사안을 보도록 하는 것이지요. 사실 이것이 철학적 성찰이기는 합니다. 또한 박상욱은 페이스북에서 이렇게 말합니다.

나의 화를 들여다볼 시간적 거리적 틈이 생기면 계곡에 물을 확 쏟아붓기 전에 잠시 멈춰서 생각해보게 된다. '아, 내가 지금 꼭 여기에 물을 붓고 함께 쓸려갈 필요가 있을까?' 하고 말이다. 그러고는 새로운 방향으로 물을 흘려보내 볼 수 있게 된다. 처음에는 미약한 길이지만 점차로 물이 내는 새로운 길이 깊어지기 시작하고 그것이 새로운 계곡이 된다.

'아, 내가 지금 꼭 여기에 물을 붓고 함께 쓸려갈 필요가 있을까?' 하는 물음을 묻고 자신의 생각에 대해 생각하는 것이 바로 메타인지입니다. 철학은 이 메타인지를 일상적으로 하기를 요구합니다. 메타인지를 일상적으로 하다 보면 자기 자신을 잘 되돌아볼 수 있게 됩니다.

성찰은 여러 경우의 수를 고려하게 합니다. 마음이 무언가에 매여 있으면 한 가지 가능성에만 골몰하게 됩니다. 생각의 힘은 여러 가능성을 생각해보게 함으로써 인식의 폭을 넓혀줍니다. 그래서 다른 사람을 오해할 일도 줄어들게 됩니다. 자기중심적 인식을 하지 않을 때 다른 사람을 오해하는 일이 줄어들 수 있습니다.

성찰은 또한 자기 자신에 대한 과도한 기대도 낮출 수 있게 해줍니다. 자기 자신에 대한 과도한 기대를 낮출 때 자신을 미워하는 데 에너지를 쓰지 않고 자기 마음을 들여다볼 수 있게 됩니다.

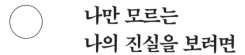

나만 모르는
나의 진실을 보려면

'결혼은 미친 짓'이라는 말에 사람들이 공감을 하게 되는 데는 이유가 있습니다. 부부지간은 서로의 무의식을 견뎌야 하는 관계이기 때문입니다. 나의 무의식은 내 눈에는 안 보이는데 내 옆에 있는 사람의 눈에는 잘 보입니다.

옆 사람은 내가 모르는 나의 진실을 알고 있습니다. 그래서 옆 사람이 나에게 하는 말은 사실은 나에게 필요해서 하는 경우가 많습니다. 요즘같이 바쁜 세상에 누군가에게 충고해준다는 것은 쉬운 일이 아닙니다. 상대에게 애정이 없다면 충고도 하지 않겠지요. 괜한 충고를 해서 관계에 어려움을 가져올 위험을 감수하려는 사람은 별로 없습니다.

그런데도 나에게 어떤 말을 해주려 한다면 그 사람이 완전 꼰대여서일 수도 있지만 그 말을 정말 내가 들어야 해서 그럴 수도 있습니다.

내 잘못은 내 눈에 안 뜨이고,
내 약점은 내 눈에 안 보인다

'세 사람이 같은 말을 하면 들어야 한다'는 말이 있습니다. 한 사람이 하는 말이면 그 사람이 특이해서 내지는 나를 누르려는 왜곡된 욕구 때문에 하는 말일 수 있지만 세 사람이나 똑같이 말한다면 거기에는 진실이 있을 것이라는 경험에서 우러난 말인 듯합니다.

타인의 말에는 나에 관한 진실이 들어 있습니다. 열등감이 많은 사람은 나를 깎아내리는 방식으로 말하기도 하고, 어떤 사람은 적절하지 않은 방식으로 말하기도 하지만 '저런 말이 가능한 이유는 뭘까?' '나의 어떠한 측면이 저런 식으로 트집 잡는 것을 가능하게 할까?'를 생각해보면 내가 보기 힘든 나에 관한 진실을 보게 됩니다. 이상한 사람을 만나서 기분이 나빠졌는데 이 일로 내가 얻는 게 없다면 그게 더 속상한 일입니다.

중요한 점은 '내 잘못은 내 눈에 안 뜨이고, 내 약점은 내 눈에 안 보인다'는 것입니다. 이 엄청난 진실을 잊지 않는 것이 중요합니다. 그래서 타인의 말에 귀 기울일 필요가 있다는 겁니다. 나를 위해서

하는 말이든, 나를 깎아내리려고 하는 말이든 거기에는 나에 관한 어떤 진실이 들어 있습니다. 그걸 봐내고 귀기울여 들어내는 능력이 필요합니다. 나를 내세우는 마음을 조금 잠재우면 이걸 봐내고 들어낼 수 있습니다.

마음을 들여다보려면 '나는 지금 왜 이렇게 생각하지?' '지금 나는 어떤 마음이지?' '내 마음이 이런 이유는 뭘까?' 하는 질문을 습관적으로 해보면 됩니다. 우리의 뇌는 물음을 제기하면 그 물음에 답을 찾는 방향으로 움직입니다.

내가 기분이 나빠지는 이유를 살피면 나 자신을 더 알게 됩니다. 누군가가 무시해서 기분 나쁘다는 의식을 한다면 나는 그만큼 존중받고 싶은 것입니다. 누군가가 그야말로 준 것 없이 꼴 보기 싫다면 그 사람은 나의 무의식적 열등감을 자극하는 사람입니다. 이 경우 나는 그 사람의 무엇이 부러운지 생각해보는 것이 좋습니다. 그러면 나의 무의식적 소망을 더 들여다보게 되니까요.

친구가 하는 말을
귀 기울여 들어야 한다

내가 자주 하는 생각의 목록을 작성해서 그것을 두고 친구와 대화해보는 것도 좋습니다. 친구는 나보다 더 나를 객관적으로 인식합니다. 나만의 잘못된 믿음에 대해 조금 더 객관적으로 말해줄 수 있습니다. 내가 자주 하는 생각 가운데 친구들이 동의하기 어려운 것에 대해 얘기해줄 것입니다. 나를 잘 아는 친구의 말은 나에게 도움이 많이 됩니다.

친구와 대화할 때 나에게는 내가 모르는 나만의 잘못된 믿음이 있을 테고, 그 잘못된 믿음에 객관적 시선을 가지고 있는 사람은 내가 아니라 친구일 것이라는 점을 되뇌며 친구 말에 귀 기울여야 합니다. 그래야 내가 발전할 수 있습니다.

다른 사람 말을 듣기는 쉽지 않습니다. 그러나 다른 사람 말에 귀 기울이다 보면 얻는 것이 있습니다. 심한 완벽주의자인 사람은 친구들이 "너 완벽주의야!"라고 하면 "내가 무슨 완벽주의냐, 완벽주의자가 다 얼어 죽었냐?" 하면서 인정하지 않습니다. 이런 말을 한다는 것이 바로 완벽주의자라는 반증인데도 말입니다.

완벽주의가 심한 사람들은 늘 일을 열심히 하고 잘하면서도 자신이 하는 일의 성취 수준을 마음에 들어하지 않습니다. 완벽주의이니까요! 그래서 자신이 한 일 중 잘못된 부분만 보면서 '이 부분이 잘못되었으니 일을 잘못한 거야!' 하면서 스트레스를 받곤 합니다. 그런 친구를 떠올리면서 사람이라는 존재가 자신에 관한 진실을 직면하기가 얼마나 어려운지 느껴보기 바랍니다.

저도 완벽주의라는 말, 좀 편하게 살라는 말을 오래도록 들어왔는데, 저는 '완벽주의자 발뒤꿈치도 못 따라간다'는 생각을 자주 했습니다. 저 스스로 부과하는 기준이 높아서 항상 그 기준에 도달하지 못하는 저를 닦달하면서 살아왔습니다. 그러한 저 자신을 좀 풀어준 것이 마흔이 넘어서였습니다. 이렇게 자기 자신을 알기가 어렵습니다. 타인의 눈으로 나를 보기는 쉽지 않지만 그런 노력은 자기 자신을 좀더 잘 알게 해줍니다.

타인과 대화하면서
내 부족한 생각을 살펴보게 된다

생각하지 않으면 문제가 반복되기에 철학하는 저로서는 생각을 조금 더 하자고 주장할 수밖에 없습니다. 조금이나마 더 좋은 생각을 해서 문제를 조금이나마 더 해결해갈 수 있다면 좋을 테니 말입니다.

생각으로 모든 문제가 해결되지는 않지만 좋은 생각이 해결의 실마리를 찾게 해주는 것은 분명합니다. 그냥 두면 심사숙고하기 어렵더라도 적절한 자극을 주면 생각을 더 하게 됩니다. 적절한 자극은 타인과 대화하거나 책 등에서 정보를 입력하는 것입니다.

타인과 대화하면서 자신의 부족한 생각을 살펴보게 됩니다. 타인의 말에 귀 기울이는 능력이 얼마나 중요한지 알려주는 생생한 사례가 있습니다. 어느 회사의 팀장에게서 들은 얘기입니다.

일의 끝마무리가 잘 안 되는 팀원이 있어서 팀장으로서 애로 사항

이 많았다고 합니다. 그 팀원이 제대로 처리하지 않은 일을 자신이 마무리해야 했으니까요.

그런데 이 팀원이 독립해서 사업을 하고 싶다며 사표를 냈습니다. 팀장은 그 팀원의 약점을 잘 아는지라 너에게는 이러한 경향성이 있으니까 그 부분을 생각해서 창업부터 하지 말고 관련 업종에 직원으로 들어가서 일을 더 배우고 그러고도 창업할 자신이 있으면 그때 창업하라는 충고를 해주었다고 합니다.

그런데 그 팀원은 팀장이 창업하는 자신이 부러워서 그런 말을 한다고 받아들이는 것 같았다고 합니다. 아니나 다를까, 몇 년 뒤 길에서 만난 그 사람은 사업이 쫄딱 망해서 매우 힘든 상태에 있더라는 겁니다.

생각하고 싶은 대로 생각하면 이런 결과에 이를 수 있습니다. 자신이 자기 약점을 얼마나 잘 파악하고 있는지 점검해보아야 합니다. 이 사람은 그 팀장이 꼰대이고 자기가 하는 일마다 못마땅해하면서 사사건건 물고 늘어진다고 생각했을 수도 있습니다. 자신이 일 마무리가 안 되어서 피해를 끼치고 있다고는 생각하지 못했을 겁니다. 사람은 자기 잘못을 보기가 어려우니까요. 이 사람에게 팀장은 자신이 못다 한 일을 마무리해주는 좋은 사람이 아니라 까탈스러운 사람이었을 수 있습니다.

사실 우리는 모두 옆 사람이 뭐라고 하는 것만 싫다고 느낍니다. 누구나 자신이 한 일을 두고 뭐라고 하면 싫지요. 그래서 직장 상사가 힘든 것 아니겠습니까? 늘 내가 한 것을 두고 평가하고 비판하니까요. 이 경우 다르게 생각한다는 것은 반대로 생각해보는 것입니다. '다르게 생각하기'는 '내가 일처리가 완벽했으면 그 상사는 나에게 지적하지 않았을지도 모른다'는 것과 같은 생각입니다.

우리는 옆 사람이 잔소리한다고 생각하지만 옆 사람으로서는 내가 잔소리하게 만드는 사람일 수 있습니다. 옆 사람으로서는 '알아서 잘해서 입 아프지 않게 해주면 얼마나 좋을까' 싶을 수도 있습니다. 무엇이 진실일까요? 아무도 진실을 확정할 수는 없습니다. 나에게는 잔소리하는 그 사람이 야속할 뿐이고, 상대방으로서는 잔소리하게 만드는 내가 야속할 테지요.

직장 상사의 지적을 두고 꼰대질이라고 생각하는 것은 내가 편리해지는 길입니다. 그러나 그것이 진실인지, 미래의 나를 위해 좋은 해석인지는 알 수 없습니다. 설사 상사가 너무 세밀해서 피곤하게 느껴질지라도 그 상사조차 잔소리를 못 하게 일 처리를 해보겠다는 생각은 내 발전을 위해 좋을 수 있습니다. 상사는 내가 모르는 가능성이나 위험을 생각할 테니까 말입니다.

타인의 말을 귀담아들어야 합니다. 그럴 때 나만 모르는 나에 관한 진실에 닿을 수 있습니다.

자신 안의 소망을
들여다봐야

통상적으로 갈등을 하게 되는 이유는 내가 그 사람에게 바라는 바가 있기 때문입니다. 그 사람이 나의 소망을 배반할 때 갈등을 겪게 되는 것이죠. 그래서 타인이 내가 원하는 방식대로 존재하기를 바라는 소망을 내려놓으면 갈등이 현저히 줄어들게 됩니다.

그리고 다른 사람과의 관계에서 내가 어떤 생각을 자주 하는지 살펴보면 내가 어떤 사람인지 알아가게 됩니다. 여러분이 '나라면 ~했을 텐데 그러지 않는 것을 보니 저 사람은 나에게 관심이 없구나' 하는 생각을 자주 한다고 해보죠.

정말 그 사람이 나에게 관심이 없을 수도 있지만 그냥 무심한 사람일 수도 있습니다. 특별히 마음이 없거나 배려가 없는 게 아니라 전체적으로 세밀히 챙기는 스타일이 아닐 수 있는 거죠. 다른 사람의 다양한 존재 가능성을 수용할 수 있어야 합니다.

마음의 소리를 들으려면
소망적 사고를 넘어서야 한다

주변 사람이 나와 같은 방식으로 마음을 표현하지 않는다는 것이 곧 나에게 마음이 없다는 것을 의미하지는 않습니다. 물론 코드가 너무 안 맞는 사람과 맞추려고 애쓸 필요는 없습니다. 그러나 주변 사람이 항상 내가 좋아하는 방식으로 마음을 표현하리라고 기대하는 것은 관계에 악영향을 줍니다. 만약에 이런 식의 마음 다침이 자주 있다면 나는 어떤 사람일까요? 좀 세밀한 스타일일 겁니다.

이런 경우에 '마음을 표현하는 방식이 저 사람과 나는 다르구나. 저 사람은 세밀한 편은 아니구나' 하고 알아차리면 됩니다. 그리고 그 사람의 무심함에 자주 마음을 다친다면 그 사람과 거리를 두어야 하겠지요.

그런데 '그 사람은 좀 무심한 스타일이구나' 하고 그 사람의 특성을 인정하는 것이 더 좋습니다. 이 경우에 '저 사람은 좀 무심한 스타일이구나' 하는 마음을 가질 수 없고 '어떻게 그럴 수 있어!'라는 생각이 든다면, 이는 그만큼 내가 그 사람의 관심과 사랑을 받고 싶은 마음이 크다는 것이라고 봐야 합니다. 이렇게 자신을 알아차려 가야 합니다.

그런데 '나라면 ~했을 텐데 그러지 않는 것을 보니 저 사람은 나에게 관심이 없거나 무심하구나'를 넘어 '나를 무시하는구나'까지 간다면 얘기가 심각해집니다. 타인과의 관계에서 내가 많은 것을 하는 듯싶고 상대방은 나에게 받기만 하면서 아무것도 하지 않는 듯해 서운하다면 내가 하는 것을 중단하거나 줄이면 됩니다.

그런데 이렇게 하지는 않고 상대방이 내 방식으로 나에게 대하기를 바라는 것은 욕심입니다. 상대방에게는 상대방만의 방식이 있습니다. 상대방의 방식을 잘 관찰할 필요가 있습니다. 만약에 상대방의 방식이 나를 너무 다치게 한다면 현명하게 거리를 두는 방법을 찾아야겠지요. 그런데 상대방의 방식을 관찰하기보다 자꾸 무시당하는 것 같아 힘들다면 내가 무시를 스스로 생산하는 것은 아닌지 생각해볼 필요가 있습니다.

사람을 무시하는 것은 그 사람 잘못입니다. 나쁜 사람이 잘못된 행동을 하는데 내가 그 영향을 받아야 할 이유는 없습니다. 그 사람이 무시하는 잘못을 했는데 왜 내가 그 무시에 동의해야 하나요? 그 사람의 무시는 내가 동의하지 않으면 무시로 나에게 전달되지 않습니다. 내가 그걸 무시로 여기니까 나에게 무시로 도달하는 겁니다.

정신과 의사 엘리너 루스벨트는 이렇게 말했습니다. "기억하라. 어느 누구도 당신의 동의 없이는 당신으로 하여금 열등하다고 느끼게 할 수 없다." 사실은 동의하는 내가 문제인 겁니다.

나는 왜 동의할까요? 따지고 보면 지금의 나보다 더 잘난 사람이고 싶기 때문입니다. 내가 나 자신이 원하는 만큼 잘난 사람이 아니라고 느낄 때 다른 사람이 나를 무시한다고 느끼게 되기 쉽습니다. 그러니까 그 사람이 무시하는 것이 아니라 내가 무시를 생산하는 것이죠.

누군가가 무시한다고 해도 그 무시를 내가 받지 않으면 됩니다. 그 사람의 무시를 무시하는 것이죠. 나에게 안 좋은 생각을 하는 사람의 생각에 동의해줄 필요가 없습니다.

이 모든 마음의 어려움이 사실 '다른 사람이 내가 원하는 방식대로 존재했으면 좋겠다' '나는 다른 모든 사람이 인정해주는 사람이었으면 좋겠다'는 소망적 사고에 매여 있기 때문에 일어납니다. 마음의 소리를 들으려면 자기 자신의 이러한 소망부터 들여다봐야 합니다.

내가 왜 이 사실을 직면하지 못하는지
그 이유를 파악해야 한다

나 자신에게 원하는 모습이 있다면 그 모습을 만들어나가면 됩니다. 한심해할 시간에 내가 원하는 나 자신을 만들어나가면 됩니다.

그런데 이러고 싶은 나의 발목을 잡는 생각이 있습니다. 그 생각의 실체를 알아야 합니다. 그 생각이 만들어진 이유를 알아내야 합니다. 건강한 생각을 하고 싶지 않은 사람은 없습니다. 원하지 않는데도 어떤 생각이 나를 지배하는 경우가 꽤 있지요. 그것이 나의 특징입니다.

우리는 사실로부터 자꾸만 도망갑니다. 누군가와 갈등할 때 나에게도 틀린 부분이 있다는 사실 등 받아들이기 힘든 사실로부터 도망갑니다. 원하지 않는 사실은 사실이 아니라고 생각하고 싶어 하지요. 그렇지만 사실을 직면할 줄 알아야 합니다. 나는 어떤 사실에 잘 직면하지 못하는 특성이 있는지 느껴봐야 합니다.

대체로 사실에 직면하지 못하는 것은 자존감이 낮아서입니다. 그러나 자존감이 낮은지 높은지를 확인하는 것보다 더 중요한 것은 내가 왜 이 사실을 직면하지 못하는지 파악하는 일입니다. 여기에 내 특징이 있으니까요. 그 사실을 직면하지 못하는 내 특징을 파악해야 합니다.

능력주의에 매몰되면 자존감을 유지하기가 어려워집니다. 세상의 기준에 미치지 못하는 자기 자신을 인정하기가 어려워지기 때문입니다. 1등이어도 1등을 언제 빼앗길지 몰라 두려워하게 됩니다. 세상은 다양한 기준으로 평가하고 등수를 매기기에 그 모든 평가 기준에서 높은 순위를 기록하기는 어려운 일입니다.

능력주의에 매몰되면 능력이라는 기준으로 자신을 평가하느라 바빠서 자신이 진정으로 원하는 것에 집중하기가 어려워집니다. 능력주의의 틀에서 벗어나 '나는 나로 존재하면 된다'고 생각하면서 '내가 원하는 방식으로 존재하는 방법은 무엇일까?'를 차분히 자기 자신에게 물어보는 것이 좋습니다.

내가 모르는 나를 만나다

나 자신의
암묵적인 전제를 파악해야

우리는 자주 스스로를 괴롭히는 전제에 빠져 삽니다. 그런 잘못된 전제를 검토해서 제거하기만 해도 삶이 훨씬 가벼워질 수 있습니다. 〈너는 나의 봄〉이라는 드라마에 이런 내레이션이 있습니다. "남자는 자기를 무시하는 사람이 자기 자신밖에 없었지만 그 사실을 알지 못해 날마다 술을 마셨다."

우리 마음 안에는 타자의 소리도 들어오고, 욕망의 소리도 있습니다. 다양한 소리가 정말 내 마음이 무엇인지 헷갈리게 만듭니다. 욕망의 소리는 강력해서 내 존재를 힘들게 하는 방향으로 나를 이끌어가기도 합니다. 그것도 물론 내 마음이기는 하지만 궁극적으로 내 존재가 평안해지게 하는 마음은 아닙니다. 본연의 마음이 아닌 것이죠. 본연의 마음에 따라 살면 내 마음이 편하게 되어 있습니다. 〈너는 나의 봄〉 OST의 가사처럼 '맑게 개인 마음'으로 살 수 있게 됩니다.

나에게 영향을 주는 소리들을
잘 파악하는 것이 중요하다

우리는 모두 본연의 마음으로 살고 싶어 하고, 본연의 마음이 무엇인지 알고 싶어 합니다. 니체는 본연의 마음으로 사는 사람을 두고 본능이 건강한 사람이라고 합니다. 철학자 박찬국은 『사는 게 힘드냐고 니체가 물었다』에서 이렇게 말합니다.

> 본능이 건강한 사람은 자신뿐 아니라 주위 사람들까지도 건강하게 만드는 행동을 할 수밖에 없습니다. 이런 의미에서 니체는 '모든 좋은 것은 본능이다'라고 이야기합니다. 이렇게 건강한 본능을 가지고 있을 때 우리는 경쾌하고 가벼우며 필연적이고 자유롭게 건강한 행동을 하게 됩니다. 진정으로 자유로운 행동은 자신의 본능적인 욕구에서 필연적으로 경쾌하게 따라 나오는 행동이고, 이 경우 사람들은 '나는 이렇게 할 수밖에 없다'라고 외칩니다.

내가 모르는 나를 만나다

우리는 모두 건강한 본능으로 살아가고 싶어 합니다. '도대체 본연의 마음, 건강한 본능은 어떻게 얻을 수 있느냐'가 우리 모두 궁금해하는 것이죠.

자신의 마음을 들여다보면서 자기 마음에 작용하는 이상한 소리에 끌려다니지 않게 될 때 본연의 마음, 건강한 본능을 회복하게 됩니다.

그 이상한 소리는 내가 처했던 환경 때문에도, 내가 만난 어른답지 않은 사람 때문에도, 내가 만난 이상한 사람 때문에도 들려옵니다. 또 내가 너무 잘난 사람이기를 바라기 때문에 들려오기도 합니다. 나에게 영향을 주는 소리들을 잘 파악하는 것이 중요합니다.

현대 사회는 워낙 능력이라는 기준으로 줄을 세우기에 자존감이 높기가 어렵습니다. 내가 자꾸 열등감에 시달린다는 것은 그만큼 내가 잘난 사람으로 인정받고 싶다는 소리입니다.

내가 잘났다는 것을 확인하지 못할 때 '그럼 그렇지. 나는 안 돼'라는 생각에 시달리게 됩니다. 그러면 객관적으로 나에게 문제가 있는지 아니면 내가 원하는 수준의 잘남을 스스로 실현하지 못했는지 확인할 필요가 있습니다. 정말 내가 잘난 것이 하나도 없어서, 열등감에 시달릴 만해서 그런지 아니면 내가 나에게 원하는 수준이 높아서 그런지 따져보아야 합니다.

의사나 판사, 검사 중에도 열등감에 시달리는 사람들이 많습니다. 의사들 사이에서, 판검사들 사이에서 원하는 인정을 받지 못하기 때문이지요. 자존감 문제와 관련해서는 일단 자기 자신에 대한 인식이 객관적인지부터 점검해봐야 합니다. 능력주의에 매몰되라는 말이 아닙니다. 사실에 입각해 인식해야 한다는 것입니다. 사실이 아닌 것에 영향을 받는 일은 피해야 하니까요.

무엇보다도 나라는 존재 자체와 내 능력은 구분해야 합니다. 어떤 능력이 있어도 나는 나이고, 어떤 능력이 없어도 나는 나입니다.

죽음이 무서워서
자기를 입증하려 든다

무언가를 꼭 이뤄야 할까요? 세상이 알아주는 무언가를 하고자 하는 마음이 자기 자신을 갉아먹는 일도 많습니다. 가수 이효리 씨는 다시 태어나면 평범하게 살고 싶다고 하더군요. 우리는 스타의 삶을 살아보지 못해서 이를 공감하기 어렵습니다. 우리 눈에는 스타의 좋은 점만 보이니까요. 그러나 우리가 스타로서의 어려운 점을 겪지 않아서 모를 뿐이지 스타라고 모든 것이 좋지는 않을 것입니다.

실제로 마음만 먹으면 광고로 쉽게 돈을 버는 이효리 씨조차 평범하게 살고 싶다고 하는 걸 보면 거기에는 무언가가 있는 듯합니다. 이효리 씨가 경제적 어려움을 겪어보지 않은 사람도 아닌데 그런 소리를 하는 걸 보면 말이지요.

이른바 사회적으로 성공한 분들의 삶이 행복하다는 보장은 없습니다. 사회적 인정욕은 어느 정도 채울 수 있을지 모르지만 남들에게 말할 수 없는 어려움을 겪는 분들도 많습니다. 저렇게 살면 행복하지 않겠다는 모습을 보여주는 셀럽이 드라마에 자주 등장하는 데는 이유가 있습니다.

성공의 프레임으로 모든 것을 보다 보면 자기 자신에게도 지속적인 성공을 요구하게 되어 힘들어지고, 타인도 성공 수단으로 대하게 되어 인간관계에서 오는 만족감도 얻지 못하게 됩니다.

사람은 자꾸 위를 봅니다. 의사가 되면 만족하는 게 아니라 의대 교수나 병원장이 되지 못할까봐 조마조마합니다. 사회적 기준을 만족시키려는 마음으로 살면 끊임없이 등장하는 평가기준에 시달려야 합니다. 자신의 사회적 성공만으로도 버거운데 시간이 지나다 보면 자녀의 사회적 성공도 요구받게 됩니다. 그 다양한 평가기준을 맞추려다 보면 마음이 지칠 수밖에 없습니다. 우리는 '이것만 있으면 행복하겠다, 저것만 있으면 행복하겠다'고 생각하지만 정작 그것을 가지면 다른 것을 욕심내게 됩니다. 그래서 고대 로마의 철학자 루크레티우스도 자신의 저서 『사물의 본성에 관하여』에서 이렇게 말했지요.

우리가 소망하는 것을 얻지 못하는 한 그 가치는 모든 것을 능가하는 것으로 보이지만 그것을 얻고 나면 곧 다르게 보인다. 우리는 늘 똑같은 갈증에 사로잡혀 애타게 삶을 갈망한다.

"사람이 추구해야 할 것은 더 많은 부가 아니라 소박한 즐거움이고 더 깊은 행복이다"라는 말이 있습니다. 마음이 통하는 친구와 나누는 대화나 즐거운 술자리 등에서 소박한 즐거움을 느낄 때 '그래, 이게 사는 거지' 하는 마음이 됩니다.

여기서 말하는 '더 깊은 행복'은 나 자신의 행복만 추구하는 것이 아니라 타인의 행복에도 관심을 가지며 얻게 되는 행복입니다. 물질적 향유나 권력, 명예를 추구하는 데는 한계가 있지만 타인의 행복에 도움이 됨으로써 느끼는 행복에는 한계가 없습니다.

능력주의의 폐해를
넘어서

능력으로 줄을 세우고 능력에 기반해 평가하려는 태도는 우월감을 느끼고 싶어 하는 마음 때문에 생깁니다. 우리는 나보다 능력이 있는 사람은 숭상하고 싶어 하고, 나보다 능력이 없는 사람은 멸시하고 싶어 합니다. 잘난 사람이고 싶기 때문입니다.

능력주의의 힘은 셉니다. 그러나 '죽어간다'라는 삶의 진실을 받아들일 때 우리는 능력주의에서 벗어나 정말 중요한 것에 집중할 수 있습니다. 죽어가는 삶 앞에서 타인의 시선은 중요하지 않게 됩니다. 세상 기준도 중요해지지 않습니다. 결국 죽고야 말 텐데 뭐가 중요하겠습니까.

앞에서 본 니체 연구자 박찬국 교수의 인용문으로 돌아가보겠습니다. 마지막에 이런 구절이 있었습니다. "진정으로 자유로운 행동은 자신의 본능적인 욕구에서 필연적으로 경쾌하게 따라 나오는 행동이고, 이 경우 사람들은 '나는 이렇게 할 수밖에 없다'라고 외칩니다." 저도 철학을 할 수밖에 없었습니다. '내가 이걸 할 때만 나일 수 있구나'라고 느낀다면 다른 걸 할 수 없습니다.

배우 박신양 씨는 지금 화가로 살고 있습니다. '연기도 좋았지만 연기는 결국 남 이야기를 하는 것이었다면 화가는 내 이야기를 할 수 있기에 이제는 화가로 살겠다'라고 그는 말하더군요. 자신을 자신답게 하는 것을 찾으면 다른 것을 할 수 없습니다. 그래서 '나는 이렇게 할 수밖에 없다'고 외치게 되는 것입니다.

물론 대부분의 다른 배우들은 캐릭터를 자기 방식으로 소화하며 연기에서 자기 자신을 표현하는 행복을 누릴 겁니다. 이런 식으로 사람의 자기다움은 각기 다릅니다.

무엇이 자기다운지 물어가면서 자기 자신을 파악해가다 보면 능력주의에 입각한 다른 사람의 시선에서 자유로워질 수 있습니다. 능력이 얼마나 중요하지 않은지를 분명히 느끼면 능력주의에 입각한 다른 사람의 평가에 좌우되지 않을 수 있습니다. 그러면 결국 내 삶을 제로베이스에서 시작하게 됩니다. '내가 무엇을 할 때 행복하지?'가 가장 중요한 물음이 됩니다.

'나만 찌질한 건 아니야'라고
믿고 싶은 마음

이상하게 자신에게 고통을 일으키는 해석 방식을 고수하는 사람들을 만난 적이 있을 겁니다. 사실 사람마다 그걸 꼭 그렇게까지 생각하지 않아도 될 듯한데 무척 힘들게 생각을 가져가는 부분이 있습니다. 저 사람은 그 부분에서 생각을 이상하게 가져가고, 나는 또 다른 부분에서 생각을 이상하게 가져갈 수 있지요. 사람마다 그러는 부분이 다 다를 수 있습니다.

그 사람이 이상하게 고통을 일으키는 방식으로 해석하는데 그 정도가 심하면 심리적으로 어려움을 겪죠. 그러면 무슨 성격 장애라든가 여러 가지 심리적 문제점을 진단받기도 하고요.

나에 대해 검토하고 인간에 대해 검토하면서 '내가 이걸 이렇게 생각하는 경향이 있는데 이게 그렇게 객관적인 생각만은 아니겠구나' 하는 의식을 여러 측면에서 할 때 나 자신을 알게 됩니다.

자기 자신에 대한 이런 식의 깨달음이 차곡차곡 쌓이면서 자신을 알게 되지요. 그래서 '남들만이 아니라 나에게도 나만의 방식으로 고통을 일으키는 해석 방식이 있다. 그 해석 방식을 좀 조정할 필요가 있다'라는 생각을 해볼 필요가 있습니다.

내가 어느 부분에서 찌질하다는 걸
인정하고 직면하자

누군가를 보면서 '저걸 왜 저렇게 생각해서 자기 무덤을 스스로 파지?' 이런 생각이 든다면 '나도 어느 부분 그러고 있을 수 있다'는 생각을 좀 해봐야 합니다. 남들만 그러는 게 아닙니다. 모든 인간이 그렇지요. 사실 우리 모두에게는 자기만의 무덤 파기를 중단하려는 노력이 필요합니다.

우리 각자에게는 자기만의 존재 결여가 있습니다. 결여가 전혀 없는 완벽한 인간은 없습니다. 우리는 내 옆에 있는 사람이 모두 완벽하기를 바라고 자기 자신도 완벽하기를 희망하지만 말입니다.

사실 내가 완벽하지 않다는 진실을 직면하기는 매우 어렵습니다. 우리는 어찌 되었든 다른 사람들이 나보고 옳다고 해주기를, 나를 인정해주기를, 나를 사랑해주기를 원합니다. '나의 어느 부분에 정말 누구도 받아들이기 힘든 어두운 면이 있다'는 것을 직면하기가 어렵습니다.

그럼에도 내가 어느 부분에서 찌질하고 어둡고 부정적이라는 사실을 인정하고 그런 모습을 직면하며 '그 모든 게 다 나다'라고 받아들여야 자기 자신으로 살 수 있습니다.

인간에게는 매우 다양한 측면이 있고 그중 어떤 측면은 수용하기가 어렵습니다. 자기 자신의 모습이지만 자신이 그렇다는 것을 받아들이기 싫은 측면이 있습니다. 그런데 자기 자신의 어떤 측면을 인식하지 않으려면 그 진실을 무시하는 데 에너지가 듭니다. 이 경우 의식적 차원에서는 내 어두운 면, 찌질한 면을 하나도 안 보고 그냥 없다고 치게 됩니다.

그런데 없다고 치는 쪽으로 생각이 진행될수록 다른 사람의 찌질한 면, 부정적인 면, 어두운 면이 더 보입니다. '나만 그런 게 아니야'라고 믿고 싶은 무의식 때문이지요.

내가 어느 부분에서 어떻게 찌질한지는 내가 가장 잘 압니다. 그런데 '나는 찌질하지 않다'고 믿고 싶은 마음이, '나만 찌질한 건 아니야'라고 믿고 싶은 마음이 자기도 모르게 타인의 찌질한 면을 보게 만듭니다. 그래서 타인과의 관계도 어려워집니다.

나 자신에게 숨기는 것이 많을수록 타인의 약점이 더 눈에 들어옵니다. 그 진실로부터 도망가는 마음이 '나만 그런 거 아니야'라는 생각으로 에너지를 공급하기 때문입니다. 그래서 우리는 타인의 찌질한 면을 들추고 싶어 합니다. '나만 찌질한 거면 어쩌지' 하는 무의식이 타인의 약점을 찾아내게 만듭니다.

누군가 나의 찌질한 면을 자꾸 보면 기분이 좋지 않지요. 그러니 내가 어떤 사람의 찌질한 면을 들추면 그 사람도 나를 싫어하게 되고, 결국 그 사람과 관계가 좋을 수 없게 됩니다.

자신의 어두운 면, 찌질한 면을 수용해야 다른 사람의 어두운 면, 찌질한 면도 수용할 줄 알게 됩니다. '저 사람만 그런가, 나도 그런 걸 뭐' 하는 자기인식은 다른 사람을 함부로 비난하지 못하게 만듭니다.

이런 이유로 우리는 다른 사람을 쉽게 비난하는 사람을 가까이하지 않으려 합니다. 그 사람은 자신의 어두운 면을 그만큼 못 보는 사람임을 본능적으로 알기 때문입니다. 자기반성이 안 되고 남들이 모두 문제라고 하는 사람임을 느끼기 때문입니다. 그 사람 옆에 있다가는 내 약점만 들춰질 것이 뻔하기에 본능적으로 피하고 싶어집니다. 또 그렇게 나쁜 에너지를 뿜는 사람 옆에 있는 것 자체가 피곤하므로 가까이하고 싶지 않습니다.

사람은 자기 자신을 보는 만큼 타인도 볼 줄 알게 되고, 타인을 보는 만큼 자기 자신도 볼 줄 알게 됩니다. 타인을 볼 때 그 약점이 그에게만 있는 것이 아니고 나에게도 충분히 있을 수 있음을 의식하며 타인을 보면 그만큼 자기 자신도 볼 수 있게 됩니다. 타인을 보는 만큼

CHAPTER 3

나 자신도 보려면 인간은 기본적으로 진실을 직면하기 어려운 존재라는 사실을 수용하고 진실을 직면하려고 노력할 필요가 있습니다.

'내가 모든 진실을 본다'는 착각을 하지 않아야 내가 진실을 보지 못하는 측면을 궁금해할 수 있습니다. 그래야만 인식의 사각지대를 줄일 수 있습니다. 자기 인식의 사각지대를 인식할수록 자신의 심리적·무의식적 특징을 더 잘 인식하게 됩니다.

나 자신과 타인을 알아갈수록 근본적으로 '인간에게 진실을 직면할 힘이 있는가' 하는 회의가 듭니다. 하지만 그래도 최선을 다해 진실을 직면하려는 노력만이 타인과의 엇갈림도 줄이고, 자기 자신으로 살게도 만들기에 진실을 직면하려 노력하게 됩니다.

무의식을 본다는 것이 어렵게 느껴질 것입니다. 무의식은 왜 형성되나요? 무의식은 스스로 용납할 수 없어서 의식의 표면 위로 올리지 못하는 마음입니다. 인정할 수 없는 내 마음인 거죠.

우리는 스스로 인정하고 싶지 않은 욕구나 소망을 무의식 속으로 내려보내며 자신 안에 그런 것이 있다는 사실을 직면하지 않으려 애씁니다. 그래서 무의식적 억압을 줄이면 억압에 드는 에너지가 자유롭게 풀려 인생을 더 적응적으로 살게 됩니다.

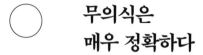

무의식은
매우 정확하다

무의식은 매우 정확합니다. 그 사람이 스스로에게 말하는 것과 그 사람의 무의식이 어떤 관계인지 볼 줄 알게 되면 인간에 대한 이해가 높아집니다. 그러면 다른 사람들을 대할 때 훨씬 여유가 생깁니다. 그리고 가능한 한 상처를 주지 않는 방식으로 말하는 방법도 터득하게 됩니다.

배우자나 연인과의 관계는 관계의 밀도가 워낙 높아서 상대방의 무의식을 보지 않고는 관계를 이어가기가 어렵습니다. 나의 무의식과 상대방의 무의식을 볼 줄 모르면 자칫 상대방 탓만 하면서 '이 관계가 아니라 다른 관계여야 내가 원하는 것을 얻을 수 있다'는 식으로 생각하게 됩니다.

그러다 보면 자꾸 파트너만 바꾸게 되기 쉽습니다. 그러나 아무리 파트너를 바꾼다고 해도 자신의 무의식을 보지 못하는 사람이 타인과의 관계를 제대로 풀어가기는 어렵습니다.

타인이 내 공허감과 고독감을
해결해줄 수 없다

심리학에서는 감정을 제대로 바라보지 않는 일상이 반복되면 감정에 관한 부적응적 대처가 습관이 된다고 주장합니다. 부적응적 대처가 습관이 된다는 것은 감정을 직면하지 못하고 제대로 다루지 못해서 문제가 일어난다는 의미이지요. 공허감과 고독감을 제대로 바라보지 않을 때 '사랑하는 사람이라면 이 공허감과 고독감을 없애주리라'는 과도한 소망적 사고를 하게 되어 연애에 문제가 생길 수 있습니다.

연애 초기의 집중적인 몰입 기간에는 공허감과 고독감이 안 느껴지니까 상대방이 자신을 사랑한다는 사실에 행복해합니다. 그러다가 몰입 시기가 지나면 자신 안에서 느껴지는 공허감과 고독감으로 상대방이 자신을 제대로 사랑해주지 않는다며 몰아붙이게 됩니다. 그래서 싸우고 관계가 틀어지는 일이 많습니다. 자신의 과도한 기대가 문제인데도 상대방이 사랑에 충실하지 않았다거나 사랑이 아닌데 사랑이라고 거짓말을 했다고 생각하지요.

어느 누구도 내 공허감과 고독감을 종결해주지는 않습니다. 서정윤의 '홀로서기'라는 시에 나오는 구절처럼 '둘이 만나 홀로 서는 것이 아니라 홀로 선 둘이 만나는 것'입니다. 내가 홀로서지 않으면 연애도 어려워집니다. 상대방에게 너무 많은 것을 바라게 되어 실망하고 헤어지는 과정을 반복하게 됩니다. 만약에 사랑이 지속되는 기간이 너무 짧다면 '상대방이 내 공허감과 고독감을 근원적으로 해결해주어야 한다'는 잘못된 전제를 하지는 않는지 돌아보아야 합니다.

타인이 내 공허감과 고독감을 해결해줄 수는 없습니다. 우리는 인생에서 그저 공허감과 고독감을 안고 사는 법을 배워야 합니다. 내 공허감과 고독감은 내가 나 자신의 친구가 되어줌으로써 껴안고 사는 방법을 배워야 하는 그런 것입니다.

친구와 나누는 밀도 있는 대화는
내 무의식을 보게 한다

믿을 만한 친구와 서로 감정에 대해 말하는 시간은 내 무의식을 느끼는 데 도움이 됩니다. 친구와 나누는 밀도 있는 대화는 나를 알게 합니다.

예전부터 나를 타자로 제일 많이 봐온 사람은 가족과 친구입니다.

그런데 가족은 감정적 얽힘이 심하고 또 생활까지 같이하므로 자기 자신에 대해 밀도 있는 대화를 하기는 어렵습니다.(물론 가족끼리 서로 마음과 생각에 대해 대화를 자주 나눈다면 아주 바람직하고 좋은 일입니다. 다만 그게 그렇게 쉽지는 않습니다.)

그런데 친구는 생활이 밀접하게 관련되어 있지 않기에 감정적 얽힘이 적고 주로 대화를 하는 사이이기에 서로 마음과 생각이나 존재 방식을 놓고 대화를 많이 나눌 수 있습니다. 친구는 나를 가까이에서 가장 많이 보아온 타인이기에 내가 나에 대해 인식하지 못하는 부분까지 잘 인식합니다.

서로 감정에 대해 말하다 보면 그런 감정을 나만 느끼는 게 아니라는 사실을 확인하는 경우가 많습니다. 그러면 누군가가 나와 같은 감정을 느낀다는 것 자체로 위로를 받습니다. 내 감정이 잘못되었거나 이상한 것이 아니라는 확인만으로도 안정감이 듭니다.

나의 부정적인 감정에 대해 친구와 얘기를 나누면 그 과정 자체가 '부정적인 감정이 나에게 미치는 영향'을 줄여줍니다. 내가 어찌할 바 몰라 외면해온 감정에 대해 친구가 말해주면 나 역시 그 감정에 직면하기가 조금 더 수월해집니다. 감정 자체에 대해 대화하다 보면 그 감정에 압도되는 정도가 줄어듭니다. 이런 과정을 거쳐 부정적 감정을 소화해나가게 됩니다.

자신이 보는 방식을 바꾸려는 노력을 할 필요가 있습니다. '이걸 다르게 본다면 어떻게 볼 수 있지? 다른 해석 방식으로는 무엇이 가능할까?' 이런 질문을 해보면서 말입니다. 친구와의 대화에서 "나는 이 문제를 이렇게 생각했어. 그런데 다르게 볼 수도 있을까? 어떤 해석이 가능하지?" 이런 물음을 해보는 것이 좋습니다.

자신이 그런 감정을 느낀다고
인식하는 과정 자체가 중요

어느 날 강력한 감정에 압도될 때 잠시 '이 감정은 뭐지?'라고 상위 인지 작업을 하면 내 감정을 인식하는 능력이 좋아집니다. 마음을 들여다본다는 것은 자기 마음과 생각이 나아가는 방향을 느낀다는 것이고, 자기감정에 적절한 이름표를 붙일 줄 알게 된다는 것입니다. 이름표가 붙은 감정은 나를 압도하는 힘이 줄어듭니다.

이름표를 붙였다는 것은 그 감정의 정체를 알았다는 것입니다. 자신이 그런 감정을 느낀다는 것을 인식하는 일 자체가 자신을 알아가는 과정입니다.

나는 어떤 감정을 주로 느끼는지, 그런 감정이 느껴질 때 어떻게 대처하는지 느껴보는 것입니다. 그런 감정이 느껴질 때 어떤 생각을 주로 하는지 등을 살피는 것입니다. 이로써 적응적 대처를 할 수 있습니다.

만약에 자신이 화가 자주 난다 싶으면 화로 이어지는 핵심적 믿음에 반복해서 이의를 제기해야 합니다. 즉 '이 믿음이 맞는가?'를 지속적으로 물어야 합니다. 그런 핵심적 믿음은 우리 몸에 깊이 배어 습관이 되었기에 반복적으로 물어봐야 합니다. 이 과정에서 오래된 습관을 새로운 습관으로 대체해야 합니다.

화를 잘 내는 사람은 자신이 요구하는 것에 융통성이 없고 독단적입니다. 화를 내고 싶지 않다면 다른 가능성을 습관적으로 생각해보는 것이 도움이 됩니다.

사랑은
서로 어두움을 찢어주는 것

정진규의 시 '세 번째 별'에는 "사랑은 서로의 어두움을 찢어주는 것"이라는 구절이 있습니다. 사랑할 때 우리는 매우 당황하게 됩니다. '나도 모르는 나'가 튀어나오기 때문이지요. 한 존재와의 밀도 있는 만남은 무의식의 나를 만나게 만듭니다. 그래서 사랑이 어렵습니다. 관계 속에서 무의식의 나를 만나고, 또 통합해나가야 합니다. 사랑할 때는 나의 어두움과 상대방의 어두움을 만나고, 서로를 위해 그 어두움을 찢어주려 노력해야 합니다.

어떤 분의 질문에 답글을 드린 적이 있습니다. 세 살 때 부모님의 이혼과 재혼으로 엄마의 사랑을 모르고 학대를 받으며 유년시절을 보냈고 외로움과 싸우다 결혼했답니다. 다행히 가슴이 따뜻한 남자를 만나 결혼했는데 급한 성격과 인정받고 싶은 욕구 때문에 남편과 자주 트러블을 겪는다는 고민이었습니다. 마음은 남편한테 기대고 싶은데 정작 자신은 입을 닫고 짜증만 낸다고 했습니다. 그러면서 자신은 항상 외롭고 고독하다고 하더군요.

어릴 때 충분히 의존한 경험이 없어서 남편에게 의존하고 싶은데, 의존하고 싶은 그 마음에 자존심이 상하는 것 같다는 답변을 드렸습니다. 그래서 자신도 모르게 자꾸 남편에게 짜증 내는 것이겠지요. 이 분은 양육자와의 감정교류가 허용되지 않았기에 감정교류를 어떻게 하는지 모르는 게 너무나 당연했습니다.

감정교류를 한 경험이 있어야 '이렇게 표현하면 되는구나. 여기까지 내 마음을 털어놓아도 별일이 생기지 않는구나' 하는 안정감을 느낄 텐데, 그런 안정감을 느껴보지 못했으니 자기 마음을 다 털어놓으면 큰일이 날 것만 같은 불안감에 시달릴 위험이 큰 것이죠. '어설프게 내 마음을 털어놓았다가 창피만 당하거나 버림을 받을지도 모른다' 하는 근본적 불안감이 있어서 자꾸 남편에게 짜증 낼 가능성이 높아 보였습니다.

그래도 어릴 때 정서적 환경이 어려웠는데 가슴이 따뜻한 남편을 만났다니 얼마나 다행인가 싶었습니다. "급한 성격과 인정받고 싶은 제 욕구가 신랑과 트러블을 자주 만듭니다"라고 할 정도로 자기 자신을 잘 인식하는 분이었습니다. '내가 자세히 말하지 않아도 남편이 마음을 알아주었으면' 하는 소망적 사고를 할 가능성이 커 보였습니다. 그래서 스스로 급하다고 자기 진단을 한 듯했습니다.

이분은 갈등 속에서 자기 자신을 돌아보며 스스로를 점점 더 알아가는 과정에 있었습니다. 이렇게 자신의 감정을 잘 들여다보게 되는 것은 사실 그러한 부대낌 때문이기는 합니다. 이분은 그러한 갈등과 어긋남에도 상대방을 탓하지 않고 자기 자신을 들여다보았기에 스스로를 알아가는 과정에 있게 된 것으로 보입니다.

갈등을 이렇게 나 자신과 상대방을 알아가고 인간에 대한 이해를 높여가는 계기로 삼는 것이 좋습니다. 갈등을 무조건 배척해야 할 것으로만 보는 이유도 유년기에 갈등을 너무 많이 경험했다든가 하는 내 특징 때문일 수 있습니다. 이렇게 자기 자신을 알아차려야 합니다.

그림자를 느끼고
통합해가면서

니체는 "진실은 추하다"라고 말한 바 있습니다. 진실을 직면하는 데는 용기가 필요합니다. 그 추함을 딛고 서야 합니다. 마음 안에는 꺼내놓기 괴로운 마음, 누가 알까 두려운 마음이 있습니다. 그 모두가 내 마음입니다.

융 심리학에서는 인간이 그림자와 대면해서만 완성된 삶에 이를 수 있다고 주장합니다. 그림자와 대면하는 것은 논리를 자신에게 적용할 힘이 있을 때 조금씩 가능해집니다. 우리가 설명되지 않는 생각, 이해되지 않는 행동을 하는 것은 그림자가 영향을 미칠 때입니다. 논리를 적용하는 힘이 좋아질수록 그림자의 영향으로 생긴 생각과 행동의 특성을 더 잘 이해하게 됩니다.

물론 여기서 주의할 부분이 있습니다. 생각을 잘해서 자신의 무의식까지 들여다보자는 것이지, 생각으로 자신을 억지로 조정하자는 것이 아니라는 점입니다.

인간은 익숙한 것을 안전하다고 착각하곤 합니다. 잘못된 것일지라도 익숙한 것을 좋다고 느낍니다. 늘 해오던 생각대로, 늘 가져오던 마음결대로 살아가는 것을 편하다고 느낍니다. 추가로 에너지가 들지 않기 때문입니다. 그러나 머릿속에 자동으로 떠오르는 생각에 이끌려 다니는 삶은 불행합니다. 1차적 생각은 참이 아닌 경우도 많고, 내 존재를 평안으로 이끄는 생각도 아니기 때문입니다.

이러한 1차적 생각은 믿어도 되는지 폐기해야 하는지 지속적으로 검토해야 합니다. 생각을 검토하려는 시도 자체가 특정 생각에 끌려 다니는 것을 막아줍니다. 나쁜 감정과 생각에 내 존재의 운전대를 내주지 않도록 하는 데 철학적 성찰력이 필요합니다.

나를 억압하고 검열하게 만드는 잘못된 생각의 뿌리를 다루는 법을 배워야 합니다. 인간이 기본적으로 느끼는 감정은 자신의 과거 경험과 연관됩니다. 어릴 때 어떤 이유로 수치심이나 죄책감을 강하게 느꼈을 경우 자신이 느끼는 감정을 수치심이나 죄책감으로 해석할 가능성이 높아집니다. 이런 문제와 관련한 자세한 내용은 심리학이나 정신분석학의 도움을 받아야 합니다. 철학 쪽에서 할 수 있는 말은 자신이 잘못 판단했다거나 어떤 잘못을 저질렀다거나 할 때 마음과 생각이 자기 잘못을 직면하는 방향으로 가지 않고 그럴 만한 이유가 있었다거나 그것이 남들이 저지르는 잘못에 비하면 그리 크지 않다는 식으로 가기 쉬우니 주의해야 한다는 것입니다.

인간은 자신이 경험한 것을 바탕으로 현실을 해석하는데, 과거의 안 좋은 경험에 고착되어 해석하기 쉽습니다. 이런 식으로 자신에게 적용하는 논리와 타인에게 적용하는 논리가 달라지는 것을 스스로에게 허용할 경우, 심리와 무의식의 영향을 받아서 '남들은 모두 이상한 사람'이라는 잘못된 해석에 안주하게 됩니다.

스스로에게 이중논리를 허용하지 않는 태도로 심리학과 정신분석학의 도움을 받으면 점점 더 자기 자신을 잘 알아가게 됩니다. '내가 지금 무엇을 놓치고 있지?' '나는 왜 지금 이런 마음이 들지?'를 차분히 물어보면서 말입니다.

내가 어떤 방어기제에
의존하는지 알아차려야

나의 무의식보다 타인의 무의식을 보기가 훨씬 쉽습니다. 그렇기에 갈등 상황은 타인의 무의식을 들여다볼 좋은 기회가 됩니다. 타인의 무의식을 보다 보면 그만큼 내 무의식을 볼 힘도 생깁니다.

무의식을 보기 위해 방어기제를 이해하는 것은 중요한 일입니다. 방어기제는 일종의 자기기만입니다. 마음의 평화를 지키려고 스스로에게 하는 거짓말입니다.

시험 기간에 공부를 하지 않고 게임을 하면서 "공부를 하나 안 하나 성적은 똑같을 것 같아"라는 말로 정당화하는 경우, 이 방어기제를 '합리화'라고 합니다. 여우가 손에 닿지 않는 포도를 두고 "저 포도는 실 거야"라고 하면서 포도를 먹지 못하는 안타까움을 달래는 것 역시 합리화라는 방어기제입니다. 방어기제는 '자기 마음을 편리하게 하는 거짓'입니다.

자신이 어떤 방어기제에
잘 의존하는지를 살피자

방어기제는 현실을 왜곡하므로 우리의 참된 인식을 방해합니다. 참된 인식을 왜곡하는 것이기에 문제를 해결하지 못하고, 문제를 효과적으로 다루기에는 너무 늦어버릴 정도로 문제 해결을 미루게 만듭니다.

그러나 방어기제에 의존해서라도 마음의 평화를 유지해야 하는 경우가 많습니다. 그리고 인간이 방어기제에 전혀 의존하지 않는다는 것은 가능하지 않습니다. 정신분석의 목표도 병적인 방어기제를 건강한 방어기제로 바꾸는 것이지 방어기제 자체를 없애는 것이 아닙니다.

자기 생각과 마음을 들여다보려 노력하면 자신이 습관적으로 의존하는 방어기제를 파악하게 됩니다. 자신이 어떤 방어기제에 잘 의존하는지를 살피면 자기 자신을 더 잘 파악하게 됩니다. 정신건강의학과 전문의 허규형도 이와 관련된 내용을 자신의 페이스북에 올린 적이 있습니다.

자기 자신을 있는 그대로 바라보고 제대로 알기 위해서는 무엇보다도 무의식 속에서 패턴화되어 자리 잡은 감정을 꺼내는 것이 중요하다. 패턴화된 감정은 방어기제로 일상을 지배하게 된다.

가장 중요한 것은 정신과 마음이 어떤 필요에 의해 방어기제와 같은 장치를 작동시켰는지 스스로 면밀히 살피는 일일 것이다.

자기 안의 "무의식 속에서 패턴화되어 자리 잡은 감정"을 들여다보는 것, 자신의 정신과 마음이 어떤 필요에 따라 방어기제와 같은 장치를 작동시켰는지 면밀히 살피는 작업이 바로 자기성찰입니다. 자기 마음과 생각을 들여다보다 보면 논리가 작동하지 않는 부분을 의식하게 되는데, 이 지점에서 우리는 자기 자신의 방어기제를 파악하게 됩니다.

자신이 그 사람을 질투하는 것이면서도 그 사람이 자신을 무시한다고 생각해버린다거나 자신이 잘난 척하고 싶은 것인데도 그 사람이 잘난 척해서 싫다고 하는 것은 투사라는 방어기제에 의존하는 것입니다. 자기 마음을 타인에게 비추어 보기 때문에 '투사'라고 합니다. 그러니까 투사는 기본적으로 제 속 짚어 남의 속을 파악하는 것입니다. 투사는 방어기제 중 가장 미성숙한 방어기제입니다. 자기 마음의 짐을 편리하게 남에게 떠넘겨 버리는 것이니까요.

자기 마음과 생각에 대해 '내가 왜 이런 생각을 할까' '내가 왜 이런 마음이지' 하는 질문을 하는 버릇을 들이면 점점 더 자기 자신의 마음을 들여다보게 됩니다. '왜'를 물으면 이유를 생각하게 되는 게 사람 뇌의 특징입니다.

편리하려고 '왜?'라는 질문을 하지 않기 때문에 생각을 못하는 것이지 생각할 능력이 없는 것이 아닙니다. '왜'라는 물음을 간직하면 할수록 점점 더 정확한 이유를 파악하게 됩니다. 그러면서 점점 더 나를 알아가게 됩니다.

어쩌면 우리는 평생
자기 자신을 배워야 하는지도

그런데 또 나는 자꾸 변합니다. 고정된 존재가 아닙니다. 고정되어 있지 않기에 내가 원하는 나로 나를 만들어갈 수 있습니다. 그래서 '나다움'을 파악하기가 어려워집니다. 내 생각이 고정적인 것은 아닙니다. 내가 어느 방향으로 생각을 가져가느냐에 따라 나는 달라질 수 있습니다.

그런데 심리적·무의식적 특징을 파악하라는 것은 마음과 생각이 그렇게 되는 경향성이라는 게 있기 때문입니다. 그 경향성을 파악해야 그 경향성의 문제점을 의식하게 되고, 자기를 좀더 자신이 원하는 자기로 만들어갈 수 있습니다. 그 경향성은 외부에서 들어오는 자극을 수용하는 패턴을 형성합니다.

논리적으로 생각하면서 참된 인식을 하려고 노력할 때 자신이 어떤 방어기제에 의존하는지를 파악해가게 됩니다. 자기 자신에 대해 생각하며 자신의 무의식을 들여다보다 보면 어느 날 눈물이 터지는 순간을 경험하게 됩니다. 이 순간은 자기 마음이 자신에게 드러나는 때입니다. 정신건강의학과 전문의 전홍진도 이와 관련해 이런 언급을 한 적이 있습니다.

방어기제를 통한 자아의 선택에 따라서 그 이후의 시간은 전혀 내가 알지 못하는 방향으로 움직이게 된다. 나의 마음이 어디로 움직일지 모른다면 마치 작은 시냇물에서 바위에 좌충우돌하며 떠내려가는 나뭇잎처럼 인생이 어디로 향해야 할지 모르게 된다. 작은 결정도, 내가 만나는 사람과의 관계도, 사회생활도 내 마음을 잘 알고 있다면 훨씬 편하게 대비할 수 있을 것이다.

저는 지금 자기 마음의 움직임을 잘 들여다보는 것에서 생각의 힘을 강조하고 있습니다. 내 무의식을 들여다봐야 내가 나도 모르게 하는 남 탓을 줄이게 되고, 그래서 옆 사람에게 상처를 줄 가능성을 줄일 수 있습니다. 뇌과학과 심리학에서는 스스로도 자기 모습이라고 받아들이기 어려워 직면하지 못하는 자신 안의 어두운 면을 받아들이고 통합하는 것을 성숙한 자아가 되는 과정으로 봅니다.

야스퍼스는 인간을 '알 수 없는 심연'이라 하고, 니체는 '덮여서 감춰진 하나의 어두운 존재'라고 합니다. 알 수 없는 심연에서의 울림을 잘 듣는 것, 감춰진 어두운 존재로부터 울리는 소리를 잘 듣는 것이 어렵지만 해야 할 일입니다.

자기 자신을 있는 그대로 수용하지 않고 어떤 측면을 거부하기에 온전한 자기로 살지 못하게 됩니다. '밝혀지지 않은 근원' '알 수 없는 심연'이라는 표현으로 인간을 설명하는 야스퍼스가 강조하고 싶었던 점은 인간이 고정되거나 결정되어 있는 존재가 아니라는 것입니다.

어쩌면 우리는 평생 자기 자신을 배워야 하는지도 모릅니다. 내가 어떨 때 기뻐하고 어떨 때 위축되고 어떨 때 불안해하고 어떨 때 슬퍼하는지 말입니다. 그런 경험들 속에서 자기 자신을 의식해가며 자신을 배워나가야 합니다.

이렇게 자기 자신을 알아가면 자신이 자기의 친구가 될 수 있습니다. 그리고 우리는 자신이 자기의 친구가 될수록 마음이 편안해지고 불안을 느끼지 않게 됩니다.

CHAPTER 4

·

자기 자신을 웬만큼 파악하는 사람이 아니고는 '나다움'이 무엇인지 술술 얘기하기 어렵습니다. 즉 '나는 ~한 사람이다'라는 기술을 스스로 하기는 어렵습니다. 그런데 나에게 나답지 않은 일이 강요될 때는 불편감을 느끼게 됩니다. 나다움은 찾아 나가는 동시에 만들어 나가는 것입니다. 찾기만 하는 것은 아닙니다. 내 존재의 결을 아는 것도 중요하고, 내가 어떤 존재가 되고자 하는지도 중요합니다. 존재의 결을 파악하고 그에 거스르지 않는 방식으로 내가 원하는 나의 존재 방식을 찾아 나가며 형성해가는 것이 나답게 살아가는 과정입니다. CHAPTER 4에서는 나다움을 찾아 나가면서 만들어가는 방법을 얘기합니다.

나다움은
찾아 나가면서
만들어가는 것

나를 살아 있는 존재로 만드는 내적 힘에 따라서

'나다움'이라는 말은 우리를 당황하게 하는 측면이 있습니다. 내가 나인데도 내가 나를 파악하기가 어렵기 때문입니다. 나다움이 고정된 것이 아니기에 더욱더 그러합니다. 인간은 호박씨에서 호박이 나는 것과 같은 방식으로 성장하는 존재가 아닙니다. 미리 어떤 존재가 될 것이라고 결정된 존재가 아니라는 말입니다.

이런 의미에서 영국의 철학자이자 경제학자인 존 스튜어트 밀은 『자유론』에서 "인간의 본성이란 어떤 틀에 따라 만들어져 미리 정해진 일을 정확하게 하게 되어 있는 기계가 아니다. 자신을 살아 있는 존재로 만드는 내적 힘에 따라서 모든 면에서 성장하고 발전하려고 하는 나무이다"라고 말한 바 있습니다.

나다움은 찾아 나가면서 만들어가는 것

인간은 의식적으로 자기 존재 방식을 결정하고 그리로 나아가도록 자신을 발전시킬 수 있습니다. 밀이 말하는 '자신을 살아 있는 존재로 만드는 내적 힘'은 '나를 나이게 하는 힘'에 해당합니다. 나에게는 나를 나이게 하는 힘이 있습니다.

인간,
정향력을 가진 소용돌이

인간은 '정향력을 가진 소용돌이'라고 할 수 있습니다. 이는 야스퍼스 철학에서 힌트를 얻어 제가 사용하는 표현입니다.

정향력(定向力)은 '방향을 정해 나갈 수 있는 힘'입니다. 나 자신은 나 자신에게조차 분명하고 투명하게 드러나지는 않지요. 나는 어떤 소용돌이처럼 계속 움직이며 변화하기 때문입니다.

그런데 그 소용돌이는 내가 나답게 행동하면 확신의 신호를 보내고, 내가 나답게 행동하지 않으면 거부의 신호를 보냅니다. 그래서 그 신호를 통해 우리는 점점 자신을 배우게 됩니다. 나 자신이 어떠한 존재인지를, 어떠한 경향성을 지닌 존재인지를 배우게 되는 것이죠.

그렇기에 일이든 인간관계든 경험을 해나가면서 자기 자신에게 지속적으로 묻고 자기 자신을 들여다봐야 합니다. '이 일은 나에게 어떤 영향을 주지? 나는 이렇게 해석되는데 남들도 그렇게 해석하나? 가능한 다른 해석 방식으로는 뭐가 있지?' 등의 질문으로 자신의 경향성을 의식해 나가는 것입니다.

'나답다'는 것이 미리 결정되어 있을 수는 없습니다. 우리는 다만 어떤 때는 편안함을 느끼고 어떤 때는 불편함을 느낄 뿐입니다. 내가 경험하는 것이 나라는 소용돌이의 결에 맞으면 '바로 이거야' 하는 확신이 들고 결에 맞지 않으면 '이건 무언가 아닌데…' 하면서 불편해집니다. 내가 어떤 때 편안하고 어떤 때 편안하지 않은지를 경험해가면서 자신의 경향성을 파악해나가야 합니다. 소용돌이의 결에 맞는 행동을 할 때 나는 생기발랄해집니다. 스스로 살아 있다고 느끼지요. 이것이 '바로 이거야'라는 확신의 신호입니다. 지금 내가 나답다고 느끼게 되는 그런 신호이지요. 살다 보면 자기 자신이 마음에 드는 그런 순간이 있습니다. 그런 순간을 많이 경험하면서 살 때 행복합니다.

야스퍼스가 인간을 '알 수 없는 심연'이라 했다고 앞서 언급했습니다. 알 수 없는 심연의 그 근원을 '실존적 핵심'이라고 합니다. 실존적 핵심은 '나'라고 할 때 내가 느끼는 저 '근원의 나'를 말합니다. 야스퍼스는 이 실존적 핵심을 두고 '밝혀지지 않은 어두운 근원'이라고 말합니다. 우리가 자기 자신이지만 자기 자신을 가장 잘 모르는 상황을 잘 말해주는 표현이지요.

밝혀지지 않아 어둡기에 근원적인 나 자신을 직면하기는 어렵습니다. 내가 나 자신을 타자처럼 인식하는 것(다른 사람이 나를 보듯 내가

나다움은 찾아 나가면서 만들어가는 것

나를 보는 것)은 근원적으로 불가능하니까요. 그렇지만 우리는 아주 중요한 순간, 저 깊은 곳의 내가 말하는 소리를 마음으로 들을 수 있습니다. '바로 이거야'라는 확신의 신호는 나를 그 방향으로 더 나아가게 해주고 '이건 무언가 아닌데'의 미제의 신호는 나를 그 방향으로 나아가지 못하게 합니다. 이 소리를 잘 들어야 합니다. 때로 우리는 그 소리를 거역하면서 자신의 생각으로 자신을 밀어붙이기도 하지만 말입니다.

자기표현의 통로를 찾으면
자신 안의 추동력이 발휘된다

인간의 실존적 핵심인 '밝혀지지 않은 어두운 근원'에는 그 핵심을 잃지 않게 하는 구심력이 작용합니다. '밝혀지지 않은 어두운 근원'에서 나오는 이 구심력이 확신의 신호, 미제의 신호를 보내줍니다. 이 구심력으로 '나의 나임'이 유지됩니다. 인간은 구심력이 작동하는 소용돌이어서 방향을 결정지으며 나아갈 수 있습니다. 이 정향력을 분명히 보여주는 사례가 있습니다.

텔레비전 프로그램 〈세상에 이런 일이〉에 73세의 일반인 남성이 출연한 적이 있습니다. 그는 그림을 배운 적도 없는데 6개월에 200여 작품을 그렸다고 합니다. 작품은 독특한 화풍을 보이는 다양한 소재의 그림이었습니다. 프로그램 제작진 앞에서 30분 만에 작품을 하나 완성한 이 사람은 "나는 내가 그린 게 아니라 머리에서 지시를 내려서, 명령이 떨어져서 그렸어요"라고 말합니다.

그는 첫 그림을 그리고 나서 얼마나 많이 울었는지 모른다고 했습니다. 너무 기뻐서 울음이 났다는 겁니다. 그러면서 그는 "어머니가 병환으로 돌아가신 후 갑자기 그림에 대해서… 부활시킨다고 할까, 머릿속에서 확 떠올라요"라고 했습니다.

그는 어린 시절 미술에 남다른 소질이 있었지만 경제적 형편 때문에 꿈을 포기할 수밖에 없었다고 합니다. 그런데 잊고 살았던 꿈이 어머니가 돌아가신 뒤 되살아난 것입니다. "나에게도 이와 같은 일(죽음)이 어느 날 닥쳐온다는 것을 생각했죠. 너무 허무하고 이대로 죽기는 너무 아깝고 해서 밥도 안 먹고 잠도 안 자고 그리고 또 그리고. 다 그리고 나면 그 쾌감은 말할 수 없어요"라고 말하는 이분의 경우는 자신 안의 추동력을 아주 분명하게 느낀 사례입니다.

이분은 스스로도 자신 안에 그렇게 강력한 에너지가 있는 줄 몰랐을 것입니다. 그것이 드러나면서 자신에게도 분명해지는 것이죠. 자신이 본질적으로 원하는 것이 표현되는 통로를 찾자 그 경향성이 추동력으로 작용한 것입니다. 경향성은 드러나기 전에는 파악되지 않습니다. 그래서 우리가 '나다움'이라는 말에 매력과 동시에 당혹감을 느끼는 겁니다. 야스퍼스가 '밝혀지지 않은 어두운 근원'이라고 표현한 이유이기도 합니다.

나다움은 찾아 나가면서 만들어가는 것

마음의 소리를 듣는 기본 조건은
죽음을 직면하는 것

사실 자기 자신을 충분히 가라앉히면 마음의 소리가 분명해집니다. 그런데 자기 자신을 충분히 가라앉히지 못하는 이유는 다른 사람에게 인정받고 싶은 욕구에 시달리고 외로움으로부터 도망가려고 하기 때문입니다. 타인의 시선에 매이고 고독에서 도망 다니느라 마음의 소리를 듣지 않기에 마음의 소리를 제대로 듣지 못할 뿐이지요.

타인의 시선에 매이면 '나는 왜 이렇게 못났나' 하면서 스트레스를 받느라 마음의 소리를 제대로 듣기 어렵습니다. 그래서 저는 마음의 소리를 듣는 기본 조건이 '죽음에 직면하는 것'이라고 얘기해왔습니다. 죽음으로부터 도망가는 마음으로 살면 오히려 자기 자신에게 더 집착하게 됩니다. 죽음이 무섭기에 돈이나 재산, 타인의 인정, 명예 등으로 자신을 지키려 하게 되기 때문입니다.

고독하고 싶지 않고, 공허하고 싶지 않기에 남들의 인정이 너무도 중요해집니다. 인생에서 남들이 주목하는 것을 이루어야 한다는 강박이 강해지지요. 시선이 타인에게 집중되는 것입니다. 그래서 자기 잘난 맛을 느끼고 싶은 마음에 매여 있게 되고, 이로써 자기 자신을 충분히 가라앉히지 못하기에 마음의 소리를 듣는 법을 잊게 됩니다.

이 사례의 남자는 어머니의 죽음을 경험하면서 자기 죽음을 의식하고, 그러면서 자신 안의 경향성을 분명히 의식하게 되었습니다.

죽음 문제 앞에서 자기표현의 통로를 찾았기에 추동력에 따라 자기를 표현하게 된 것입니다. 인간이 구심력과 정향력을 가진 소용돌이임을 잘 보여주는 사례입니다.

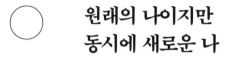

원래의 나이지만
동시에 새로운 나

미국의 정신과 전문의 주디스 올로프는 『감정의 자유』라는 책에서 자기 자신을 찾아 나가는 과정을 쓰면서 '원래의 나이지만 동시에 새로운 나'를 만났다고 했습니다. 이렇게 나를 찾아나가다 보면 '나'이기는 한데 나에게도 낯설고 새로운 나를 만나는 경험을 하게 됩니다.

어떤 사람이 우연한 기회에 서핑을 해본 경우를 생각해보죠. 자신은 서핑과 상관도 없는 사람이고 자기와 맞을 거라는 생각도 전혀 하지 않았는데, 막상 배워보니 너무 재미있는 겁니다. 그러면 이때 '서핑을 하는 나'는 나에게도 새로운 나입니다. 서핑을 좋아하는 경향성이 나도 모르게 나에게 있었던 것이죠.

나에게 맞는 것과
맞지 않는 것을 구분하는 능력

이렇게 '나도 모르는 나'는 다양하게 경험하며 찾아 나가야 합니다. 그러니까 자신에게 원하는 모습이 있다면 그 모습을 갖추려고 노력해보면 됩니다. 그 모습이 내 존재의 결에 맞으면 나는 그런 나로서 편안할 것입니다.

그런데 내가 원하는 모습이라도 막상 그 모습이 나에게 편하지 않을 수 있습니다. 무엇을 하려고 시도했다가 불편해져 하지 않기로 하는 경우도 있습니다. 마음으로는 하고 싶었지만 실제로 해보니 나에게 맞지 않고 내 존재를 편안하게 하지 않는 경험일 수 있습니다.

이러한 경험이 축적되면 점점 더 나를 알게 됩니다. 나에게 맞는 것과 맞지 않는 것을 구분하는 능력이 좋아지게 됩니다. 나를 알게 될수록 나는 편안해집니다. 나에게 맞지 않는 것을 하지 않게 되니까요.

나는 '새로운 나'를 자꾸 만나면서 그 '새로운 나'에서 나 자신이 진정한 의미의 평안을 느끼는지, 느끼지 않는지를 점검해야 합니다. 그러면서 나에게 진정한 평안을 주지 않는 내 모습을 탈각하며 살아가야 합니다. 여기서 말하는 '진정한 의미의 평안'은 지속될 수 있는 평안, 나에게 편리를 제공하는 데 그치지 않는 평안을 말합니다.

내 존재가 평안하면 마음 안에서 별소리가 없다가도, 무언가 내 근원을 침범하는 일이 벌어지면 '이건 아니다'는 느낌이 분명히 올

243
•

라옵니다. 물론 이 소리를 분명히 듣는 것은 어려운 일이지만 죽음에서 도망가지 않으려 노력하면서 자기 마음을 들여다보며 살다 보면 점점 더 잘 듣게 됩니다.

이 소리를 내가 내 욕망에 맞추어 해석하면 잘못 들을 수도 있습니다. 마음에 강렬한 소망이 있을 때 스스로도 속기 쉽습니다. 내가 나에게 가지는 강렬한 소망이나 강한 믿음(진실이 아닌 경우가 많은) 때문에 자신도 모르게 스스로에게 어떤 것을 강요할 수도 있습니다. 그러나 마음을 좀더 가라앉히고 보면 자기가 자기를 속이고 있다는 것까지도 느낄 수 있게 됩니다.

내가 원하는 나를 만들어 나가는 것이
'나다운 나'가 되어가는 과정

나는 내 가능성을 펼칠 때 편안해지고, 내 가능성이 제한될 때 불편해집니다. 내가 지레 겁먹고 자신이 없어서 스스로 가능성을 제한하는 것은 좋지 않습니다. 그래서 자존감을 거론하게 됩니다.

스스로 자존감 문제가 있다고 느낀다면 일부러 새로운 도전을 해보면서 다양한 경험을 하는 것이 좋습니다. 움츠러들어서 힘드나 도전해보면서 힘드나 힘들기는 마찬가지라면 '도전해보고 깨져보자'고 생각해보는 것도 좋습니다.

울로프가 '새로운 나'를 만난다고 했는데, 야스퍼스는 이를 두고 '드러남의 과정에서 밝혀짐으로써 생기되는 실존의 가능성'이라는 표현을 사용합니다. 여기서 중요한 것은 '드러나는 과정에서 생기된다'는 것입니다. '생기된다'는 것은 만들어진다는 것입니다. 나에게 나 자신이 드러나면서 밝혀지는 과정에서 '나'가 형성됩니다.

그러나 이 형성 과정은 무슨 씨앗이 발현되는 것처럼 발현되지는 않습니다. 이 과정은 '존재를 일으키는 드러남'입니다. 드러남이 곧 존재를 생기하는 과정이지요.

춤을 예로 들어보겠습니다. 춤은 동작을 연결하는 것입니다. 동작 하나하나가 드러남이고, 그 드러남이 곧 춤입니다. 그 드러남이 없이는 춤이 있을 수 없지요. 춤은 과정 자체가 존재인 독특한 것입니다. 그런데 우리 삶 자체가 그렇기도 합니다.

니체 계열의 철학은 바로 이러한 삶의 특징을 설명합니다. 그래서 생성의 철학이라고 합니다. 미국의 사회심리학자 에리히 프롬도 활동의 순간을 체험하는 것이 진정으로 행복을 주는 유일한 만족 방법이라고 말합니다. 활동 순간에 대한 체험이 쌓이면서 본연의 자기에서 나오는 생각, 말, 행동인지 아닌지를 더 잘 느끼게 됩니다. 이렇게 자기 자신을 만들어 나가는 것입니다.

야스퍼스는 '지속적인 자기초월을 통한 자기형성'을 말합니다. 인간은 현재의 자기 존재를 넘어서 스스로 결단해 자기를 형성해갈 수 있는 존재라는 것이죠.

나다움은 찾아 나가면서 만들어가는 것

드러남은 자기로서의 나 자신의 실현됨이다. 내가 가령 드러남이 타고난 성질을 조명하는 것이라고 생각한다면 나는 그러한 생각 때문에 드러남의 과정에서 밝혀짐으로써 생기되는 실존의 가능성(die Möglichkeit der Existenz, die in dem Offenbarungsprozeß sich noch schafft, in dem sich hell wird)에서 멀어지는 것이다.

여기서 야스퍼스는 드러남이·타고난 성질의 발현은 아니라고 말합니다. 그렇게 생각하면 내가 나를 만들어가지 못한다고 말하고 있습니다. '밝혀짐으로써 생기된 바의 궤적'이 바로 나입니다. 타고난 성질의 실현이 아니라 스스로가 스스로를 찾아 나가면서 만들어가는 과정이지요. 이때 '찾아 나가면서 만들어가는 힘'을 저는 '정향력'이라고 한 것입니다.

물론 자기(Selbst)의 내용은 미리 구성되지 않으며 자기 선택으로 결정됩니다. 찾아 나가는 것이죠. '나답다'의 내용을 미리 결정할 수는 없습니다. 자기 내용은 미리 결정되어 있는 것이 아니라 구심력과 정향력이 작용해서 구성되니까요. 더더군다나 나는 지속적으로 변화하기에 내가 나인데도 '나답게 산다'는 것이 무엇인지 모르는 마음이 되곤 합니다.

그래서 내 존재의 결을 느껴가면서 그 결에 어긋나지 않는 방향으로 '내가 원하는 나'를 만들어 나가는 것이 '나다운 나'가 되어가는 과정입니다. 마치 돌을 조각할 때 돌의 원래 결을 살려가며 돌에 어떤 형태를 부여하듯이 자기 존재의 소리를 들어가며 자신이 원하는 자신을 만들어 나가는 것입니다.

인간은 확신의 신호와 거부의 신호에 따라 방향을 잡으며 살아갑니다. 실존적 핵심에서 나오는 소리가 방향을 조정합니다. 그래서 정향력이라고 하는 것입니다. 인간은 '밝혀짐으로써 생기되는 존재'이기에 우리는 낯선 자기 자신을 만나며 살게 됩니다. '내가 이런가?' 하는 질문은 자기실현을 지향하며 사는 모든 인간이 하는 것입니다.

오히려 낯선 자기 자신을 마주하지 않는 사람은 자기 자신에 대한 고정관념을 가지고는 그 고정관념에 자기 자신을 맞추려는 사람일 수 있습니다. 자신에 대한 고정관념이 있는 사람은 자기를 실현하는 방식으로 살지 않고 '자기 자신에 대한 고정관념'을 실현하는 방식으로 살아갑니다.

우리가 '자기계발'이나 '자아실현'이라는 단어를 쓰는 것도 인간이 '구심력과 정향력을 가진 소용돌이'이기 때문입니다. '나'라는 소용돌이에 가능성으로 잠재하는 것을 실현해낼 때 우리는 '자기계발이 되었다' '자아실현이 되었다'라고 할 수 있지요. 자기 자신에게도 낯선 '새로운 나'를 '나'로 포괄해갈 때 인간은 자신이 성장하거나 발전했다고 느끼게 됩니다. 이런 과정에서 우리는 스토아 철학자 세네카가 말한 평온한 자신감을 얻게 됩니다.

나다움은 찾아 나가면서 만들어가는 것

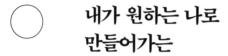

내가 원하는 나로
만들어가는

인간은 현재의 자기 존재를 넘어 스스로 결단해 자기를 형성해갈 수 있는 존재입니다. 자기를 찾는다는 것은 이 형성 과정의 경향성을 찾는 것이라고 해야 할 것입니다. 어떨 때 확신의 신호가 오는지를 지속적으로 관찰해서, 즉 '나다움'을 지속적으로 고민해가면서 '나다움'을 구현하는 것입니다. '나답다'는 게 무엇인지 고민하고 나 자신을 느껴가면서 말입니다.

나 자신을 느낀다는 것은 나 자신이 어떤 것에서 평안을 얻는지, 어떤 것을 불편해하는지 관찰하고 의식하는 것을 말합니다. 그리고 동시에 다양한 경험을 해보면서 그 경험 속에서 자기 자신을 만들어나가는 것이죠.

그때그때 경험하면서 나에게서 올라오는 소리를 들어가며 내가
원하는 방향으로 나를 형성해 나가는 것입니다.

죽음에 직면했을 때
나에게 의미를 주는 것

독일 격언에 "나인 자는 나일 수 있는 자에게 슬프게 인사한다"라는
말이 있습니다. '나인 자'는 '현재의 나'이고, '나일 수 있는 자'는 '내
가 꿈꾸는 나'라고 해야겠지요. '현재의 나'는 '되고 싶은 나'를 슬프
게 바라본다는 의미로 이해하면 되겠습니다.

　인간은 '나도 ○○한 사람일 수 있었는데…' 하는 아쉬움을 느끼
기 쉽습니다. 그런데 '내가 꿈꾸는 나'는 어떤 사람인가요? 특정한
직업을 가진 사람인가요? 다른 사람들에게 인정받고 세상에서 성공
한 사람인가요? 정말로 죽어가는 삶을 어떻게 살아야 할지 진지하
게 고민해서 나를 던지고자 한다면 특정의 직업이나 세상의 성공 등
을 지향하지는 않게 됩니다.

　앞서 얘기했듯이 실존철학에서는 인간이 '피투되었다'고 합니다.
어떻게 살지와 관련해서 실존철학에서는 기투라는 용어를 사용합니
다. 인간은 세상에 던져졌지만(피투되었지만) 다시 자기를 세상에 던
져야(기투해야) 한다는 것이죠. 인간은 피투된 조건에 결정되는 것을

좋아하지 않습니다. 스스로 자신을 결정하기를 원합니다. 타인이 나를 결정하려 들 때 강한 거부감을 느끼게 되지요. '기투'는 자신의 온몸과 마음을 바쳐서 구현해야 할 삶의 가능성을 구상하는 것을 말합니다. 그래서 결국 기투가 나를 형성하게 됩니다. 내가 어떻게 기투하느냐에 따라 나는 다르게 형성됩니다.

그런데 저는 기투와 관련해 한 가지 주장을 하고자 합니다. 기투는 자기 자신의 현존적 욕망을 실현하는 데 국한되지 않는다는 것입니다. 죽어가는 삶 앞에서 돈이나 권력이나 명예 등이 중요하게 여겨지지는 않기 때문입니다. 진정한 의미의 기투라면 현존적 욕망을 넘어설 것입니다. 누군가를 도우며 살겠다든가 하는 식으로 과정지향적이 될 것입니다. 사회적 평가에 연연하지 않고 자신이 생각한 가치를 향해 나아가게 되는 것입니다. 앞서 브랜든의 사례에서도 확인해본 것처럼 말입니다. 『내가 틀릴 수도 있습니다』의 저자 비욘 나티코 린데블라드는 이렇게 말합니다.

한 사람의 일상에서 대부분을 차지하는 일은 우리 존재의 더 깊은 부분에 자양분과 활력을 공급해야 합니다. 그런 유형의 자양분은 흔히 성공에서 얻을 수 없습니다. 오히려 함께 일하는 사람들과 끈끈하게 이어져 있다는 느낌에서, 자신의 업무가 의미 있고 자기 재능이 어떤 식으로든 세상을 바뀌게 한다는 느낌에서 나오지요.

죽음 앞에서도 인간이 가치를 느끼는 것은 자신이 한 행동이나 자기 존재가 의미를 가질 때입니다. 인간은 자신이 처한 운명에 반항하는, 운명을 수용하든 어느 쪽으로나 자신이 의미를 만들어낼 수 있을 때 충만감을 느낍니다. 그리고 삶의 의미는 내가 타자의 삶에 기여할 때, 세상을 바람직한 방향으로 변화시킬 때 창출됩니다.

죽음에 직면했을 때 나에게 의미를 주는 것은 내가 타자의 행복에 얼마나 기여했느냐와 관련됩니다. 사람들이 죽으면서까지 지키려 했던 것들, 자기 죽음을 걸고라도 지키려 했던 것들을 보면 자기 이익이나 행복이 아니라 타인의 행복임을 확인할 수 있습니다. 프랑스의 철학자 에마뉘엘 레비나스는 "의미는 타인과 관계에서 타인의 고통을 내 고통으로 수용해 타인 대신 그 고통을 짊어질 때 생성된다"라고 말했습니다.

자신이 어떤 일을 할 때
의미를 느끼는지 살펴야

현실적인 무언가는 이루었는데 '정말 이렇게 살다 가는 건가' 하는 생각을 하게 된다는 것은 그만큼 자기 삶에서 의미를 찾지 못했다는 것을 뜻합니다. 의미는 어디서 창출되나요? 의미는 희한하게도 현실적 편리에서 나오지는 않습니다.

나다움은 찾아 나가면서 만들어가는 것

인간은 쉬운 길에서는 의미를 찾지 못합니다. 어려운 길에서 의미를 찾지요. '어려운데 내가 그걸 해냈다' 할 때 의미를 느낍니다. 현실에서 이득을 좇았을 때 그러한 자기 자신에게 만족하는 사람은 별로 없습니다.

인간은 근본적으로 의미를 지향합니다. 실존주의 상담치료가 빅터 프랭클은 인간이 '의미에 의지'를 지닌 존재라고 했습니다. 자기 삶에서 의미를 느끼지 못하는 사람은 공허감을 느끼게 됩니다.

심리학자 탈벤 샤르는 "행복이란 재미와 의미가 교차하는 데 있다"라고 했습니다. 인간은 자신의 소질을 잘 발휘하는 일에서는 재미를 느낍니다. 그런데 자신이 재미를 느껴서 하는 일이 타인에게 도움이 되기까지 하면 의미가 창출됩니다. 이럴 때 인간은 행복해집니다.

다양한 책을 읽고 여러 사람을 만나고 경험을 많이 하면서 어떤 때 내가 나라는 존재까지 잊을 정도로 집중하는지, 어떤 때 내가 가장 생기발랄해지는지 확인해보는 것이 자기를 자기답게 하는 것이 무엇인지 알아가는 방법입니다.

저는 강의가 원하는 대로 잘되거나 글이 원하는 대로 잘 쓰일 때, 그러니까 대체로 제 생각을 적절한 언어로 표현할 때 충족감을 느낍니다. 그 언어가 타인에게 전달되어 의미를 낳으리라 믿어질 때, 의미를 낳도록 전달하고 있다고 확신할 때 충족감을 느낍니다.

제가 추구하는 것은 제 강의를 듣거나 제 글을 읽는 사람이 좀더 자기 자신으로 살도록 돕는 것입니다. 그때 저는 제가 살아 있다고 느낍니다. 내가 살아 있다고 느낄 때, 그때가 자기 자신으로 존재하는 순간이고 나다운 때입니다.

타인의 박수를 받는 것을
의미정립으로 착각하지 말자

의미를 정립하는 것과 관련해 주의해야 할 점은 내가 타인의 인정에 매몰되면서 그것을 의미정립으로 착각해서는 안 된다는 것입니다. 우리는 타인의 박수를 받는 것을 자칫 의미정립으로 착각할 위험이 있습니다. 돈이나 권력, 명예 등으로 타인의 갈채를 받는 것이 자신이 삶에서 찾는 의미라고 착각하는 것입니다.

사실 누구나 세상에서 나를 알아주고 나의 성취를 인정해주면 기분이 좋아집니다. 그리고 타인에게 도움이 될 때 의미가 창출되기에 타인의 인정이 필요한 것도 사실입니다. 그러나 타인의 갈채만 있고 나 자신에게 충족감이 없다면 의미정립이 되었다고 보기 어렵습니다. 의미정립이 되는 일이라면 남들이 알아주지 않아도 내가 그 일을 하면서 충족감을 느끼기 마련입니다.

자기가 자신을 인정해서 결과적으로 타인의 인정까지 얻는 것과 타인의 인정을 얻을 때만 내가 나를 인정하는 것은 분명 다른 일입니다. 타인의 인정은 결과여야지 목적이어서는 안 됩니다.

만약에 타인의 인정을 목적으로 어떤 행위를 했다고 해보죠. 이때
는 타인의 인정이 지속되지 않으면 어쩌나 하는 두려움을 안게 됩니
다. 그러나 자기 삶을 던져서 하고 싶은 일이라서 한 경우라면 타인
의 인정에 그리 좌우되지 않습니다. 자기가 원해서 한 일이기에 누
가 인정해주지 않아도 그 자체로 만족하게 됩니다. 바로 이런 경우
가 의미정립에 해당합니다.

물론 우리는 사람인지라 스스로 충족감을 느끼는 일에 남들이 박
수갈채를 보내준다면 기분이 좋아지는 것이 사실입니다. 그러나 중
요한 차이가 있습니다. 이때는 타인들의 박수 소리가 그칠까봐 염려
하지 않게 됩니다. 타인의 박수 소리는 결과적으로 얻은 것일 뿐, 실
제 그 일을 하는 이유는 '내가 느끼는 충족감' 때문이니까요.

나는 내 죽음을 감당해야 할
유일무이한 사람

죽음을 직면하고 나서 자신이 어떻게 살아갈지 고민하는 사람은 타
인과 비교하는 마음이 없어집니다. 나는 나일 뿐임을 받아들이기 때
문이지요. 나는 내 죽음을 감당해야 할 유일무이한 사람입니다. 나
는 나일 뿐이어서 다른 사람과 비교할 수 없습니다.

야스퍼스는 말했습니다. "사람은 누구든 자기 자신이 아닐 때 서로 비교해보며 자기 자신인 경우에는 오히려 비교할 수 없을 것이다." 나는 나인데 무엇을 기준으로 남과 비교할까요?

현실의 편리나 물질적 향락이 주는 만족이 중요하게 여겨지기에 소득이나 재산을 기준으로 비교하게 되기도 합니다. 그러나 자기 자신으로 사는 사람은 그런 물질적 향유가 주는 만족은 한계가 있다는 것을 압니다. 그리고 물질적 향유가 주는 만족감보다 자신의 가능성을 실현했을 때 얻어지는 만족감이 더 크다는 것을 잘 압니다.

『에고라는 적』에서 저자 라이언 홀리데이는 "모든 사람이 가지고 있는 헛된 신화가 있다. 대개 다른 사람이 가지고 있지만 자기에게는 없는 것을 가지기만 하면 행복해질 것이라는 믿음이다. 하지만 몇 차례 경험하고 보면 그게 다 환상이었음을 깨닫는다"라고 말합니다.

우리는 무언가를 가지면 행복해질 것이라는 착각을 자주 합니다. 그리고 원하는 것을 가지는 게 쉽지 않기에 그것을 추구하는 데 시간을 많이 보냅니다. 자칫하면 평생을 보내기도 하지요. 그런데 막상 그것을 소유해보면 그것으로 행복하지 않다는 것을 알게 됩니다. 그런데 그런 경험은 소수만 하게 되므로, 소유해봤자 별것 없다는 인식도 아주 소수만 할 수 있습니다.

물질적 향유는 곧 새로운 물질적 향유를 추구하게 만들고 어느 정도 누리다 보면 물질적 향유로 인한 만족감이 떨어지지만 자신의 가

나다움은 찾아 나가면서 만들어가는 것

능성을 실현할 때의 만족감은 그렇지 않습니다. 자신의 가능성을 실현했을 때 얻는 만족감을 경험한 사람은 물질적 향유에 좌우되지 않습니다.

'물질적 향유는 할 수 있지만 제가 원하는 일은 할 수 없는 경우'와 '물질적 향유는 어렵지만 제가 원하는 일을 할 수 있는 경우' 중 어느 쪽을 택하겠느냐고 제게 묻는다면, 저는 당연히 후자를 선택합니다. 물질적 향유는 한계가 있다는 것, 인간이 거기에 궁극적으로 만족하지 못한다는 것을 분명히 알기 때문입니다.

저는 죽음에 직면해 제 인생을 던져서 하고자 하는 것을 분명히 결정했기에 '나의 가능성을 실현했을 때 느끼는 만족감'을 확실히 압니다. 그렇기에 저는 흔들리지 않습니다. 제 친구가 대학 밖에서 월급을 못 받고 지내다 보면 분명히 대학으로 돌아갈 거라고 생각했다더군요. 저는 지금 월급이 얼마나 중요한 것이었는가를 제대로 실감하는 시간을 보내고 있습니다. 그러나 저는 대학 밖에서 좀더 제가 원하는 삶을 살 수 있음을 알기에 지금의 삶을 선택한 것을 후회하지 않습니다. '나의 가능성을 실현했을 때 느끼는 만족감'은 현실적 조건에 흔들리지 않게 해줍니다.

인간에게는 타인의 시선에 딸려 가는 욕망이 있고, 자신의 실존적 핵심에서 올라오는 욕망이 있습니다. 그중 어느 욕망을 따르고 어느 욕망을 절제해야 할지 결정하는 데 '죽어가는 삶에 대한 자각'이 중요한 기준이 됩니다.

어떤 일을 하며 사는 것이
나답게 사는 것인가

'나답게 산다'는 문제와 관련해 어떤 일을 하며 사는 게 나답게 사는 것인지 궁금해하는 경우가 많습니다. 우리는 인생 대부분을 일하면서 보내니까 당연한 소리이지요. 내가 가지고 싶은 직업을 현실적으로 가질 수 없을 때 우리는 고통받습니다.

직업에서 요구하는 자격 기준을 맞추지 못해 원하는 직업을 가지지 못하는 이유로 고통받기도 하고, 사회적 인정과 높은 소득을 제공하는 직업을 가지지 못해서 고통받기도 합니다. 또한 자신이 하고 싶은 일은 경제적 측면이 보장이 안 되고 경제적 측면이 보장되는 일은 하고 싶은 일이 아니라는 딜레마에 빠지기도 합니다.

현존적 선택으로 직업 택하기,
실존적 선택으로 직업 택하기

직업 선택 문제와 관련해서는 자신이 지금 현존적 선택을 하려는지, 실존적 선택을 하려는지 진지하게 살펴볼 필요가 있습니다. 먼저 현존과 실존의 구분에 대해 설명하겠습니다.

어떤 사람은 자기 삶에서 의미를 느끼지 못하면서도 잘 삽니다. 돈, 권력, 명예 등을 누리면서 말이지요. 그런데 어떤 사람은 이런 것들을 누리면서 얻는 만족감으로는 충분하지 않다고 느낍니다. 돈, 권력, 명예를 누리는 데 만족하는 사람을 실존철학에서는 '현존에 그친다'고 표현합니다. 현존은 주어진 조건에 안주하면서 자기 존재를 문제삼지 않는 존재 방식을 칭합니다.

그런데 인간은 근본적으로 실존이고자 합니다. 실존은 무엇과도 바꿀 수 없는 자기 존재를 의식하며 자기 존재 방식을 스스로 선택해가는 인간 고유의 특징을 강조하는 말입니다. 현존과 실존의 구분에서 가장 중요한 것은 자기 존재를 생각하지 않고 남들 사는 대로 습관적으로 사느냐 아니면 자기 존재를 생각하며 스스로 자기 존재 방식을 결정하면서 사느냐입니다.

현존적 선택으로 의사라는 직업을 선택하는 경우와 실존적 선택으로 의사라는 직업을 선택하는 경우를 비교해보죠. 현존적 선택으로 의사를 택하는 경우는 이렇게 생각해볼 수 있습니다.

공부를 잘해서 의대에 갈 성적이 됩니다. 혹은 모두 의대를 숭상하니 의대를 가려고 죽어라 공부합니다. 모두 의사를 좋은 직업이라 하니 의사가 무슨 일을 하는지 생각하기보다는 의사가 남들에게 인정받는다는 게 중요해서 의대로 진학합니다.

그렇게 되면 의대에서 전공과를 선택할 때 그 전공과가 돈을 잘 벌게 해주는지를 기준으로 삼습니다. 그렇게 의사가 되고 나면 어떻게 해야 병원을 키울지 고민하게 되지요. 그리고 나서는 어떻게 해서든 병원장이 되려고 노력하는 삶을 살게 됩니다. 이상 극단적으로 현존적 선택을 한 경우를 생각해보았습니다.

실존적 선택으로 의사를 택하는 경우는 이렇게 생각해볼 수 있습니다. 다른 어떤 직업보다 인간의 생명을 구하고 삶의 질을 높여주는 직업이 의사입니다. 몸이 아프면 행복하게 살기 어려우니까요. 그리고 인간의 생명을 구하는 것만큼 보람 있는 일은 없지요.

그래서 자기 성향이 차분하고 이 일에 적합하며 생명을 구하는 보람 있는 일을 하겠다는 생각에 의대에 진학합니다. 돈이 되고 워라밸이 보장되는 전공과를 선택할 수도 있지만 365일 응급콜을 받아야 하는 전공과를 선택합니다.

한 명 한 명의 목숨을 살리는 보람으로 힘든 수술을 해내며 살아갑니다. 무수한 환자의 죽음을 경험해야 하고 이상한 환자나 보호자를 만나면 멱살을 잡히는 일도 감당해야 하지만 이 세상에서 사람 목숨을 구하는 것보다 보람 있는 일은 없다고 느껴 일을 지속합

나다움은 찾아 나가면서 만들어가는 것

니다. 의사로서 번 돈을 쓸 시간도 없이, 마음 편히 여가를 즐길 새도 없이 사람 목숨을 구하러 갑니다.

평생 대동맥 수술을 열심히 해서 수술사망률을 20%에서 11% 수준으로 떨어뜨리는 데 기여한 흉부외과의사가 있었습니다. 그분이 교통사고로 갑자기 돌아가셨을 때 환자와 보호자들 등 많은 사람이 슬퍼했습니다.

그분의 삶에 대한 다큐멘터리 프로그램에는 고인과 한 팀으로 일했던 전문의료인들이 나왔습니다. 그중 보조의로 일한 한 흉부외과의사에게 제작진이 물었습니다. "왜 365일 24시간 응급콜을 받으시나요?" 그분의 대답은 이랬습니다. "그러려고 의사를 한 거니까요."

의사는 사람 목숨을 구하고 사람을 치료해주려고 되어야 합니다. 돈을 벌려고 하는 일은 아니지요. 이 경우 돈은 자기가 하는 일에 대한 결과로 따라옵니다.

물론 사람은 돈을 벌어야만 삽니다. 자기 생계를 스스로 꾸리는 것은 자존의 중요한 요소입니다. 밥벌이를 하는 것은 기본 중의 기본이지요. 그러나 밥벌이에만 그치는 삶에 만족하는 사람은 없습니다. 어떤 경우에는 돈을 벌기 위해서만 직업을 선택하고, 어떤 경우에는 하고 싶은 일을 하는데 그 결과로 돈을 얻기도 합니다.

그런데 인간다움의 측면에서 보았을 때 돈은 결과로 얻어야지 그 자체가 목적이 되어서는 안 됩니다. 인간은 돈만을 목적으로 살아가는 자기 자신에게 실망하는 존재입니다.

두 선택이 섞일 수밖에 없는
우리의 현실

우리 선택에는 현존적 선택의 측면도 있고, 실존적 선택의 측면도 있습니다. 완전히 현존적으로만 선택하는 경우도 드물고, 완전히 실존적으로만 선택하는 경우도 드뭅니다. 두 선택은 섞일 수밖에 없습니다.

이런 상황을 생각해볼 수 있습니다. 주변 사람들이 모두 의대를 손꼽으니까 자신도 의대로 진학하고 싶어집니다. 의대로 진학하고 보니 공부가 힘들었습니다. 그래도 '어떻게 들어온 의대인데' 하는 생각에 포기할 수 없어 지속했습니다. 인턴, 레지던트를 거치다 보니 힘들어 포기하고 싶을 때도 있었지만 사람을 치료해준다는 것이 매력적으로 느껴졌습니다.

흉부외과처럼 사람 목숨이 왔다 갔다 하는 전공과는 겁나서 못 하겠지만 그래도 아픈 사람에게 도움이 되고 싶어 다른 과를 선택했습니다. 환자들에게 가능한 한 친절하게 대하고, 조금이라도 치료 효과를 높이려 노력하며 살고 있습니다.

이 경우에는 돈을 벌기 위해 안 해도 되는 치료를 하거나 안 해도 되는 검사를 하게 하지는 않는 정도의 삶을 살 수 있습니다. 그런데 여기서 현존적 선택의 비율이 더 높아지면 마케팅에 치중한 삶을 살아갈 수 있습니다. 안 해도 되는 검사와 치료를 섞어서 진료비를 높

나다움은 찾아 나가면서 만들어가는 것

이는 전략을 쓰며 살아가는 것이죠. 그런데 우리는 이런 의사를 좋아하지 않습니다.

우리는 모두 실존적 선택의 비율이 높은 사람을 좋아합니다. 실존적 선택을 하는 사람을 멋있게 느낍니다. 보통 현존적 조건을 좋게 하는 쪽으로 딸려 가기 쉬운데 그러지 않았으니까요. 쉽지 않은 일을 하는 사람이 멋져 보이는 법입니다. 인간은 '조건에 결정되지 않고 조건을 넘어서는 사람'을 멋있게 느낍니다.

현존적 조건과 상관없이
이 일을 하고 싶다는 마음

실존적 선택을 하는 것이 좋은 이유는 자기 선택을 외부적 요인의 영향을 받지 않고 유지할 수 있기 때문입니다. 좋은 연기를 보여주는 배우 오정세 씨가 〈동백꽃 필 무렵〉이라는 드라마에서 연기한 뒤 상을 받았을 때 한 수상소감이 화제가 된 적이 있습니다.

여러분이 무엇을 하든 간에 그 일을 계속하셨으면 좋겠습니다. 그냥 계속하다 보면 평소와 똑같이 했는데 그동안 받지 못했던 위로와 보상이 여러분을 찾아오게 될 것입니다. 저한테는 동백이가 그랬습니다. 모두 곧 반드시 여러분만의 동백을 만날 수 있을 거라고 믿습니다. 여러분의 동백꽃이 활짝 피기를 저 배우 오정세도 응원하겠습니다. 감사합니다!

자신이 선택한 길을 꾸준히 걷다 보면 언젠가는 그에 맞는 위로와 보상을 받을 것이라는 배우 오정세 씨의 위로가 많은 사람에게 감동을 선사했습니다. '자기만의 동백을 만난다'는 것이 저에게는 '실존적 선택으로 자기 존재를 펼칠 수 있게 된다'는 의미로 이해되었습니다.

어떤 선택을 현실적 조건에 따른 것이 아니라 자신의 가능성을 제대로 펼치고 싶어서 했을 경우 현실적 조건과 상관없이 그 선택을 유지하게 됩니다. 그리고 세상이 알아주지 않아도 자신의 가능성을 펼치는 방식으로 살기에 후회와 불안이 별로 없이 생활할 수 있습니다. 이 경우 자신의 가능성을 펼친다는 데서 오는 만족감이 있기에 물질적 향유로 만족감을 채우려 하지 않게 됩니다. 그리고 타인의 시선에 좌우되지 않게 됩니다.

토크 예능 프로그램에서 "동백이를 만나지 못한 사람들에게 어떤 말을 하고 싶냐?"라는 유재석 씨의 질문에 배우 오정세 씨는 이렇게 대답했습니다.

'좀 빨리 만나든 좀 느리게 만나든, 만나기까지 시간이 좀 길 수도 있겠지만 그냥 그 과정 자체가 가치 있고 존재만으로도

나다움은 찾아 나가면서 만들어가는 것

가치 있는 사람들이에요, 당신들은…?' 이런 얘기를 사실은 해보고 싶은 생각은 있었어요. (제가) 예전에는 못 될 때가 훨씬 더 많았거든요. 데이터로 보면… 연달아서 망한 작품이 10번 있었지만 그때는… 이제 계속하다 보니까 이런 선물 같은 작품이 오지 않았을까 하는 것처럼… 제 주변에는 참 성실하게 자기 일을 꾸준히 하는 친구들이 많은데 멋있는 길을 걷고 있음에도 불구하고 그만큼 보상을 못 받는 친구들이 가끔 있어요. 근데 그런 발걸음 자체는 가치 있는 일이라는 거를 좀 말하고 싶었어요. '언젠가 너한테 보상이 있을 거야. 너가 너 스스로를 해고하지 말고 잘 걸어갔으면 좋겠어'라는 마음을 담아서 그 친구들과 더불어 많은 시청자분에게 그런 마음을 좀 전달하고 싶었던 거가 있었던 것 같아요.

'너가 너 스스로를 해고하지 말고'라는 표현에 저도 울컥했습니다. 내 남은 인생을 걸고 하고 싶은 일이 이 일이라는 확신이 있을 때 현실의 어려움을 감당할 힘을 가지게 됩니다. 그런데 반대로 세상의 인정을 받고 싶은 마음이 끼어들수록 우리는 스스로를 해고하게 됩니다.

배우 오정세 씨는 왜 느리지만 천천히 가는 사람들을 멀리서나마 응원하고 싶었을까요? 자신이 그 어려운 길을 걸어보았기 때문일 것입니다. 그 길을 걸으면서 세상의 인정을 받지 못한 채 불확실성

CHAPTER 4

을 견디며 그 길을 걷는 사람들이 얼마나 힘든지를 느껴보았기 때문일 것입니다.

그렇지만 '세상의 인정을 받느냐 받지 않느냐'보다 더 중요한 것은 '자신이 선택한 그 길을 열심히 가는가, 아닌가'라는 생각을 했기에 버틸 수 있었고, 그래서 좋은 결과를 얻은 것일 터입니다.

세상의 인정을 받지 못하면 괜히 위축되고 그 길을 갈 동력마저 잃을 수 있으니 자신이 온 마음을 다해 선택한 길이라면 믿고 그 길을 가라고 응원해주고 싶었을 것입니다.

온 마음을 다해 선택한다는 것은 어떤 것일까요? '이 일로 나의 가능성이 잘 실현될 수 있을 것 같아서 현존적 조건과 상관없이 이 일을 하고 싶다'는 마음으로 선택했다면 온 마음을 다해 선택했다고 할 수 있습니다. 현존적 조건과 상관없이 하고 싶은 일이라면 진정으로 선택한 것일 터입니다.

내가 이 일로 세상의 인정을 받지 못한다고 해도 이 일을 하고 싶다고 생각했다면 이 일로 실현될 자신의 가능성을 느낀 것이라고 할 수 있습니다. 이 일로 자신이 잘 표현되고 이 일에 자신이 보람을 얻는 그 무언가가 있다는 것입니다. 바로 이것이 '나를 나답게 하는 일'입니다.

나를
나답게 하는 일

월드컵 조추첨 음악을 작곡한 가수 김수철 씨는 1970년대 말에서 1980년대 사이에 상당히 획기적인 음악으로 인기를 끌었습니다. 그런데 이분은 음반이 히트해서 돈이 벌리면 바로 국악 공부에 돌입했다고 합니다.

김수철 씨는 "국악 공부할 때는 돈이 안 벌려요. 안 벌리지만 했어야만 했어요"라고 말합니다. 돈이 안 벌리는 데도 하지 않을 수 없었다는 것이죠. 그만큼 국악에 매력을 느끼고 국악 공부를 할 때 좋았던 것입니다.

김수철 씨의 이런 말을 접하니 니체가 "하지 않을 수 없다"라고 할 것이라고 했던 말이 떠오르네요. 이런 과정을 거쳐 김수철 씨는 국악으로 자기를 표현하게 되었고, 그래서 아시안게임과 월드컵에서 음악을 담당하게 되었지요.

자신이 이상하게 끌리는 영역의
일을 한다는 것

김수철 씨는 국악을 두고 "이상하게 끌려요"라고 말합니다. 이렇게 자신이 무엇에 끌리는지를 잘 느낄 수 있는 이유는 다른 사람이 원하는 것을 원하지 않고 세상에서 중요하다고 하는 것을 습관적으로 중요하게 생각하지 않는 태도 때문입니다.

음반이 히트하면 다음에 히트할 만한 음반을 제작하고자 하는 것이 사람 마음입니다. 돈을 벌기 시작하면 더 벌고 싶어지지요. 그런데 이분은 그렇게 하지 않았습니다. 이분이 그렇게 삶의 중심을 잡고 살아간 비결이 무엇인지는 알 수 없지만 우리는 이런 태도에서 이분의 진정성을 봅니다.

김수철 씨가 막대한 돈을 들여 콘서트를 하면서 소방관, 환경미화원 등 평소 하는 일에 비해 대가를 제대로 받지 못하며 희생적인 일을 하는 분들을 초청했다고 합니다. 돈을 벌려고 음악을 하는 것이 아니라 음악으로 무언가를 전하려고 음악을 한다는 것이 분명하게 드러나는 에피소드입니다.

267
•

자신이 이상하게 끌리는 영역은 신기하게도 자신이 잘할 수 있는 영역인 경우가 많습니다. 나는 나로서 유일무이한 존재입니다. 나에게는 나만의 특성이 있습니다. 내가 내 소질로 이 세상에 할 수 있는 일이 있습니다. 아직 찾지 못한 경우는 있겠지만 아무것도 할 수 없는 사람이란 없습니다. 뇌에 문제가 없는 한 모든 영역에서 무기력한 사람은 없다고 합니다.

다시 말해 나는 아직 내가 잘하고 싶고 잘할 수 있는 일을 찾지 못했을 뿐 나라는 존재 자체가 뭘 할 능력이 없는 존재는 아닙니다. 잘하고 싶고 잘할 수 있는 일을 찾으면 누구나 자신의 능력을 쏟아부을 수 있습니다.

자기만의 무언가가
있어야 한다

누군가가 배우가 되고 싶다면서 다양한 아르바이트를 하는 것이 자존심 상한다고 하면 그 사람의 진의에 의심이 갑니다. 정말 배우가 되고 싶다면 다양한 경험을 하는 데 적극적이어야 합니다. 연기를 잘하기 위해서라도 다양한 알바로 경험을 많이 쌓으려고 해야 하지 않을까 싶습니다.

배우 이정은 씨의 연기에 대해 어느 분이 '등으로도 연기하는 배우'라고 쓴 댓글을 본 적이 있습니다. 그분이 연극을 하는 동안 안 해본 일이 없다고 들었습니다.

직접 미화원 일을 해본 분이 미화원 연기를 할 때 더 잘할 수밖에 없습니다. 다양한 일을 해보고 그 일에서 어려움도 겪어보면서 다양한 인간의 감정을 경험해보아야 연기를 잘할 수 있습니다. 그런데 그런 고생은 하기 싫고 배우는 하고 싶다고 한다면 그 사람은 스타가 되고 싶은 사람, 스포트라이트를 받고 싶은 사람이지 배우가 되고 싶은 사람은 아닐 것입니다.

〈싱어게인〉 등 각종 오디션 프로그램을 보면 심사위원들이 오디션 참가자에게 자기만의 무언가를 주문하는 것을 자주 볼 수 있습니다. 다른 사람이 부르는 노래와 별다를 것 없는 노래, 다른 사람이 하는 연기와 별다를 것 없는 연기는 사람을 매료하지 못합니다. 자기만의 무언가가 있어야 합니다.

그 '자기만의 무언가'가 무엇일까요? 저는 그 사람이 세상을 보는 방식, 인생에 대한 태도라고 생각합니다. 그 사람이 세상과 인생을 고민하고 상처받으면서도 다시 마음을 가다듬으며 버텨온 인생의 무게가 노래에, 연기에 실리는 것 같습니다. 그 사람이 자기 자신으로부터 도망가지 않고 자기 자신을 직면해온 그 세월이 노래에, 연기에 실립니다. 그럴 때 희한하게도 다른 사람들은 '진정성 있다'고 느낍니다.

진정성은 삶에 대한 태도에서 연원합니다. 그래서 억지로 꾸며댈

나다움은 찾아 나가면서 만들어가는 것

수 있는 것이 아닙니다. 타자의 시선에 맞추어 자신을 꾸미려는 사람에게서는 그 사람만의 무언가를, 즉 고유성을 느끼지 못하게 됩니다. 이상하게도 다른 사람 눈에는 보입니다. 지금 저 사람이 노래와 하나가 되어 자신을 표현하는지 아니면 '나 이렇게 노래 잘하지? 나 노래 잘하는 거 당신들 알아줘야 해'로 부르는지 말입니다.

노래와 하나 되어 노래하는 것, 캐릭터와 하나 되어 연기하는 것은 자기를 비워야 가능해집니다. 이는 내가 얼마나 잘났는지 입증하고 싶어 하는 태도로는 해낼 수 없는 미션입니다.

똑같이 가창력이 좋아도 어느 가수는 감동을 주고, 어느 가수는 감동을 주지 않습니다. 바로 이 요소가 그 차이를 가르는 듯합니다. 때로는 가창력이나 스킬이 조금 떨어져도 그 노래의 감정과 그 사람이 하나가 되었을 때 청중은 감동합니다. 노래에는 노래하는 사람의 인생 여정에서 나오는 힘, 그러니까 인생과 인간관계에서 어려움을 겪어가며 고민했던 그 모든 인생의 경험에서 나오는 응축된 힘이 담기는 것 같습니다.

다른 사람이 나를 인정해주면 좋겠다는 마음을 버리고 그냥 그 노래에 집중하고 그 캐릭터에 집중할 때 그 사람만의 인생에 대한 해석이 드러납니다. 그리고 이 해석이 깊이가 있을 때 청중과 관객은 감동하게 됩니다.

자신의 깊이 있는 인생 경험을 토대로 '노래가 표현하려는 감정'과 하나 되어 노래할 때 그 노래를 듣는 사람이 감동하게 됩니다. 깊이는 어디서 올까요? 자기 마음대로 되지 않는 인생의 풍파를 겪어내며 인생과 세상에 대해 가지게 된 그 사람만의 생각과 태도에서 옵니다.

자신을 자신이게 하는 마음의 추동력을 느끼는 일을 찾으면 외부 시선에 좌지우지되지 않고 진정성을 담아 그 일에 몰두할 수 있습니다. 그래서 자기로 사는 행복을 누릴 수 있습니다.

나다움은 찾아 나가면서 만들어가는 것

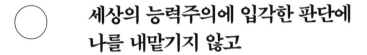

세상의 능력주의에 입각한 판단에
나를 내맡기지 않고

직업을 택할 때 무엇을 기준으로 해야 나답게 살게 되고 후회하지 않을 수 있을까요? 변호사가 되어 사회적 약자를 돕고 싶어 하는 사람을 예로 들어 생각해보죠. 자기 재능으로 누군가에게 도움이 되고자 하는 것으로 보면 이 사람은 실존적 선택을 한 것으로 보입니다. 변호사가 되어 돈을 많이 벌려고 할 수도 있는데 그러한 현존적 조건을 좋게 하는 데 관심을 두지 않는 것으로 보면 말입니다.

그렇지만 그렇다고 해도 '왜 변호사인가?'라는 질문은 필요합니다. 변호사가 사회적으로 인정받지 않아도 나는 변호사를 하고 싶은지 물어보아야 합니다. 자신이 변호사가 되고 싶은 것이 변호사라는 일의 성격 때문인지, 사회적 약자를 돕기에 적합한 권위가 인정되기 때문인지, 아니면 사회적 인정을 받는 직업이기 때문인지 물어보아야 합니다.

사회적 인정을 중시한다는 것은
외부의 기준을 따른다는 것

물론 이것이 모두 섞여 있을 것입니다. 그러나 사회적 인정을 받는 직업이기 때문인 비율이 높으면 높을수록 변호사가 되어 사회적 약자를 돕는 일을 하는 데 성공할 가능성이 적어집니다.

일단 변호사가 되려면 남들이 하기 힘들어하는 수준의 공부를 해내야 합니다. 변호사가 되려고 하는 공부에 내 적성이 있지 않으면 변호사가 되기는 어렵습니다.

법은 매우 세밀하게 논리적 구분을 해야 하는 분야입니다. 그래서 평소에도 다른 사람에게 까다롭다거나 까칠하다거나 하는 소리를 제법 듣는 사람들의 적성에 맞습니다. 범죄자를 만나거나 법률적 문제가 있는 사람들을 주로 만나므로 그들에게서 스트레스도 적지 않게 받으니 스트레스 관리도 할 줄 알아야 합니다.

일의 내용이 적성에 맞아야 변호사가 되기도 쉽고, 변호사 일을 하면서 만족도도 높게 마련입니다. 사회적 인정을 받는 일이라는 것이 선택의 주요 요인이 되면 그 힘든 변호사 공부를 하는 내내 '내가

273
•

실패하면 어떡하지' 하는 불안에 시달리느라 공부를 제대로 하지 못하게 되기 쉽습니다. 사회적 인정에 매달리는 만큼 불안도는 높아질 수밖에 없는 것이죠.

사회적 인정을 중시한다는 것은 자기 자신이 아니라 외부 기준을 따른다는 것입니다. 사람은 외부에 기준을 둘 때 마음이 힘들어지기 마련입니다. 자신이 어쩔 수 없는 변수에 좌우되어야 하기 때문입니다.

이 사회가 성과를 지향해서 사람들을 줄 세워 평가하는 일이 흔하므로 사람들 마음이 위축되어 있는 경우가 많습니다. 자기가 자기를 가장 과소평가하는 일이 벌어지곤 하는 것입니다. 내 눈에 괜찮아 보이는 사람도 대화를 나누다 보면 생각지도 않은 열등감에 시달리거나 자신을 매우 낮게 평가하는 것을 보곤 합니다. 여러분도 남들과 대화해보면 내 생각보다 나를 높이 평가해준다고 느끼는 경우가 많을 것입니다.

세상의 능력주의에 입각한 판단에 나를 내맡기지 않고 나에게는 내가 설정한 기준을 적용하는 것이 바로 나답게 사는 것입니다. 나 자신에게 세상의 잣대를 들이밀며 "너는 왜 이게 안 되냐?"라고 다그치는 것은 자기에 대한 엄청난 폭력입니다. 왜 나를 세상의 잣대로 평가하나요? 세상이 나에게 연봉 3천만 원을 주면 나는 '3천짜리'(세상의 표현을 그대로 써봅니다) 인간인가요? 세상은 세상의 기준으로 움직입니다. 시대마다 그 세상의 평가라는 것은 달라집니다.

옛날에는 가수에게 대가를 많이 지불하지 않았습니다. 그렇다고 예전의 가수가 지금의 가수보다 능력이 없다고 할 수 있나요?

세상은 세상의 논리대로 갑니다. 그런데 돈이라는 세상의 인정에 너무 마음을 빼앗기면 자존감을 유지하기 어렵습니다. 인간은 자신의 적성과 소질로 세상을 조금 더 낫게 만드는 데 기여할 때 자기 자신으로서 충족감, 뿌듯함을 느끼는 존재입니다. 이 뿌듯함은 삶의 만족도를 좌지우지합니다. 이런 뿌듯함을 느끼며 사는 사람은 허영을 채우는 소비를 하지 않게 됩니다. 그리고 다른 사람과의 비교에서 자유로워집니다.

자신의 고유한 가치와
타인의 고유한 가치를 인정하면서

타인이 나를 알아주지 않는 것을 억울해하는 태도로 살아가면 세상은 나보다 잘난 것이 하나도 없는 사람들이 판을 치는 곳으로 보입니다. 그러나 세상에 인정받을 사람이 따로 있고, 인정받지 못할 사람이 따로 있는 것은 아닙니다. 누구나 고유한 가치가 있는 존재이니까요.

인간은 누구나 자신의 고유한 가치를 인정받는 데 주목하기 마련이기는 합니다. 그러나 '나는 내 가치를 알아주지 않는 이 세상이 싫

나다움은 찾아 나가면서 만들어가는 것

다'는 마음으로 살아가는 사람을 좋아하는 사람은 없습니다. 그런 이유로 세상을 싫어하기까지 하는 사람은 대체로 타인의 고유한 가치를 충분히 존중하지 않기 때문입니다.

자신이 원하는 만큼 자기 가능성을 펼치지 못하면 슬플 수는 있지만 이를 이유로 세상을 싫어하게까지 되는 것은 자기가 잘났는데 잘난 만큼 대접을 못 받는다고 생각하기 때문입니다. 그런데 존중받아야 할 사람과 존중받지 말아야 할 사람이 따로 있나요?

사람들은 자기 가치가 소중한 만큼 타인의 가치도 소중히 여길 줄 아는 사람을 좋아합니다. 결국 사람들은 인간과 삶을 대하는 태도가 겸손한 이를 좋아합니다. 인간과 삶에 대한 겸손한 태도는 타인의 고유한 가치를 인정하는 태도입니다. 그러나 타인보다 자신이 더 중요하다고 생각하고 타인의 고유한 가치에 관심이 없는 사람일수록 자신이 처한 현존적 조건을 중시합니다.

타인의 시선에 매이지 않으면 실패의 중요한 가치를 알게 됩니다. 실패는 '그렇게 해서는 안 된다'는 것을 알려주는 지표입니다. 경험치를 높여주는 중요한 과정이지요. 실패할까봐 아무것도 하지 못하면 결국 계속 아무것도 하지 못하게 됩니다. 실패를 해봐야 '그렇게 하면 안 된다'는 것을 알게 되고, '이렇게 해볼까, 저렇게 해볼까' 아이디어도 얻게 됩니다. 결국 '실패할까봐 두려워서 하지 못하겠다'는 말은 '아무것도 안 하겠다'는 말과 같습니다.

세상의 다양한 일이 나에게 맞는지 안 맞는지는 직접 해보지 않고는 알 수 없습니다. 경험해보지 않고는 거기에 끌리는지 안 끌리는지조차 파악하기 어렵지요.

요즘은 스피드 시대라서 조금만 뒤처져도 낙오자가 되는 기분이 들곤 하므로 작은 실패도 피하려는 경향이 있습니다. 작은 실패조차 용납하지 못하기 때문에 아예 시도도 하지 못하는 경우가 매우 많습니다. 그런데 우리는 실패하면서 다음에는 어떤 것에 주의하고 무슨 능력을 보충하면 성공할 수 있는지를 파악합니다. 세상이 놀라는 성공을 한 사람들을 보십시오. 실패를 맛보지 않은 사람이 있는지 말입니다.

나에게 맞는 것과 맞지 않는 것을 구분하려면 경험해보아야 합니다. 그런 경험을 하지 않고 나에게 맞는지 안 맞는지를 어떻게 파악하겠습니까? 중요한 것과 중요하지 않은 것을 구분하려면 중요하지 않은 것도 경험해보아야 합니다.

그렇기에 중요하지 않은 것에 보내는 시간을 아까워하기보다는 그 시간을 줄이는 데 신경 써야 합니다. '늦었다고 할 때가 가장 빠른 때'라고 하는 이유는 늦었다는 인식을 하는 때는 어떤 행동이 필요한지를 인식하는 최초의 때이기 때문입니다.

마음의 중심을 잡고 자기 시간을 들일 가치가 있는 일을 찾아 나가다 보면 그 모든 경험이 나를 구성하게 됩니다. 나는 찾아 나가면서 만들어가는 것입니다. 나를 찾아 나가는 과정은 곧 나를 알아가는 과정이기도 합니다.

나다움은 찾아 나가면서 만들어가는 것

진짜 나와
가짜 나 사이에서

보통 내 생각과 감정이 나라고 생각하는 경향이 있습니다. 생각과 감정은 지나갑니다. 그런데 반복적으로 등장하는 생각과 감정에는 이유가 있습니다. 왜 내가 그러한 생각을 하고 그러한 감정을 자주 느끼는지는 알아보아야 합니다. 이 과정에서 심리학 책의 도움을 받거나 심리상담을 받는 것도 좋습니다.

외부에서 강요하는 '가짜 나'로 살다 보면 자기 자신을 꾸미는 데 너무 많은 에너지를 쓰게 됩니다. 그래서 오히려 진정한 자신의 욕구와 본성이 무엇인지조차 헷갈리는 상황에 놓이게 됩니다. 자기 마음의 소리를 제대로 들어본 적이 없기 때문입니다.

페르소나를 벗어던지는 것,
페르소나를 적재적소에 쓰는 것

인간은 누구나 일단 타인이 요구하는 모습에 맞추려고 합니다. 사회적 인정을 받고자 하기 때문이지요. 그래서 '내면의 자기'와 '사회에서 부여한 모습'의 괴리를 잘 느끼는 것이 중요합니다. 이 괴리가 없을수록 사람이 편안해집니다.

그런데 부모님이나 선생님 등 중요한 타인이 너무 강압적으로 자신들이 원하는 모습을 요구하면 내면의 자기는 숨이 막힙니다. 이때 스스로를 너무 억압해서 내면의 자기가 숨을 못 쉬면 나중에 정신적 문제를 겪게 됩니다.

그런데 사회적으로 요구되는 모습에 반기를 들면서 내면의 자기에 귀를 기울이면 사회의 요구와 자신의 요구를 조정하게 되지요. 내면의 자기와 사회에서 요구하는 모습을 구분하지 못하면 '가짜 나'로 살게 됩니다. 사회에서 요구하는 사회적 가면, 즉 페르소나만 쓰고 살게 되기 때문이지요.

페르소나와 관련해서 페르소나들을 적재적소에 잘 쓰는 게 나답게인지, 다 벗어던질 수 있는 게 나답게인지 의문이 들 수 있습니다. '다 벗어던진다'고 하는 것은 나에게 나 아닌 것이 강요된다고 느낄 때 그 속박을 벗어난다는 의미입니다.

예를 들어 자기 마음을 많이 들여다보고 나니 자신은 장녀라는 페르소나를 쓰고 사느라 진짜 자기 자신으로 살지 못했다. 앞으로도 이렇게 K-장녀로 살다가는 숨 막혀서 못 살겠다는 결론에 이르렀다면 그 페르소나를 벗어던져야겠지요.

이는 특별한 경우이고, 페르소나를 무조건 벗어던지는 게 '진짜 나'로 사는 것은 아닙니다. 사회적 속박을 전혀 받지 않고 살 수 있는 사람은 없습니다. 무조건적 자유나 어떠한 속박도 없는 것은 인간 삶에서 가능하지 않습니다. 그리고 사회적 역할이 나를 구성한다는 점도 매우 중요합니다. 무인도에 살아도 이미 나에게는 사회적 의미망이 개입되어 있습니다.

나에게서 사회를 완전히 분리하는 것은 불가능합니다. 인간으로 존재하는 것 자체가 이미 어느 정도 사회적 관계 안에서 가능하기 때문입니다. 즉 부모와의 관계, 친구와의 관계 등이 나를 구성하니까 말입니다. 그래서 페르소나를 적재적소에 쓰되 그 각각의 페르소나를 너무 억지로 쓰지 않는 것이 나답게 사는 것이라고 해야 하겠습니다.

각각의 페르소나를 나에게 맞게 써야 합니다. 내향형인데 과도하게 외향형의 페르소나를 쓴다든가 하지 않으면서 말이지요. 그런데 어느 정도 외향형 페르소나를 써보는 것은 자기 자신에게조차 숨겨진 자신의 다른 측면을 발견하게 해주는 효과도 있습니다.

스스로를 제한하지 말고 열어두면서 자신의 고정관념을 스스로에게 강요하지 않는 태도가 필요합니다. 어느 정도가 제한이고 어느 정도가 강요인지 판단하는 것, 열어둔다는 게 어떤 것인지 아는 것은 여러분이 구체적 경험 속에서 체득해나가야 합니다. 그래서 저는 '자기 자신을 찾아 나가고 배워가면서 만들어나간다'고 표현하는 것이 적절하다고 생각합니다.

결국 죽을 인생을
헛된 것에 낭비해서는 안 된다

페르소나로 질식되지 않으려면 마음 안에 숨어 있는 고독감과 외로움에 직면하면서 자기 마음을 들여다보아야 합니다. 그래야만 자기중심을 가지고 '써야 할 페르소나'와 '벗어던져야 할 페르소나'를 구분하고, 어느 페르소나를 어느 정도 써야 할지 결정할 수 있습니다.

그런데 여기서 강조하고 싶은 점은 자기 자신으로 살고자 한다면 잘나고 못나고에 그렇게 매달릴 필요가 없다는 인식이 필요하다는 것입니다. 인정욕에 시달리는 인간이 이런 통찰에 이르기는 쉽지 않습니다. 그렇지만 죽음에 직면할 때 '인정받겠다는 아귀다툼이 다 헛되다'는 것을 인식하게 됩니다.

판화가 이철수 씨의 판화 중에는 허공에 목을 매고 있는 사람을 새긴 작품이 있습니다. 지금 내가 중요하게 여기는 가치가 정말 중요한 가치인지를 생각해보라는 메시지를 주는 작품이지요.

소중한 인생을 헛된 것에 낭비해서는 안 됩니다. 헛되다고 하는 것은 당장에는 좋아 보여도 궁극적으로는 내 존재에 도움이 되지 않는 것을 말합니다. 죽음을 망각하지 않으면서 살아야 '중요한 것'과 '중요하지 않은 것'을 잘 구분할 수 있습니다. 죽음 앞에서 중요한 것이 정말 중요한 것입니다.

인생에서 우리가 그래도 부여잡을 수 있는 가장 가치 있는 것은 누군가의 고통을 덜어주는 일입니다. 그것은 공감, 사랑, 연대로 이루어지겠지요. 공감, 사랑, 연대는 인간을 행복하게 합니다. 그런데 이런 타인과의 연결감을 느껴보지 않으면 이에 따른 행복을 알기가 어렵습니다. 그래서 공감, 사랑, 연대가 주는 행복이 어떤 것인지 아는 사람이 많지 않습니다.

당장은 자기 욕구를 채우는 경향성이 있는 게 인간입니다. 그 경향성에 따르기만 하다 보면 이런 행복을 알기는 어렵게 됩니다. 현존적 조건에 좌우되는 눈으로는 이러한 것들의 가치를 느끼기 어렵습니다. 자원봉사를 하는 어떤 분은 '이거 완전 중독이에요!'라고 하더군요. 자원봉사를 하면서 느끼는 뿌듯함은 다른 것으로 채워지지 않는다는 말이죠.

은퇴한 뒤 아이들에게 이야기해주는 봉사를 하는 분들도 있습니다. 무보수로 일하면서도 행복하다고들 하십니다. 아이들에게 도움이 되는 존재로 살아가는 자기 자신에게 만족하는 것이죠. 이런 종류의 행복은 일단 알게 되면 중단할 수 없는 그런 행복입니다.

저의 강의를 들으신 분으로부터 받은 편지 말미에 다음과 같은 구절이 있었습니다. '늘 건강하시고 아름다운 세상을 만드는 데 함께 노력하겠습니다.' 이 문구는 제가 강의에서 아름다운 세상을 만드는 데 필요한 내용의 강의를 했다는 것을 인정해주시면서 강의를 들은 본인도 거기에 동참하겠다는 의지를 표명해주신 것이었습니다.

저는 '제 진심을 알아주셔서 정말 감사합니다'라고 답장을 보내고 싶었지만 마지막 강의 때 받은 편지라 더 이상 만날 수 없어서 보내지 못했습니다. 이 편지를 받았을 때 정말 강의하는 보람을 느끼고, 제 강의가 세상에 필요한 것 같아 의미를 느꼈습니다. 이렇듯 의미를 느끼면 이 일을 계속하고 싶지 않겠습니까?

약물 중독, 도박 중독 등도 중단할 수 없기는 마찬가지이기는 하지만 만족감에서 차이가 납니다. 중독의 경우에는 그러한 자기 자신에게 절망하지만, 자원봉사처럼 타인에게 도움이 되는 일을 하는 경우에는 스스로 충만감을 느끼게 됩니다.

나다움은 찾아 나가면서 만들어가는 것

스스로가 스스로를 결정하는
자유로움

나답게 살자는 것이 꼭 자신이 원하는 대로만 살아야 한다는 것은 아닙니다. 거창한 인물이 되어야 하는 것도 아니지요. 나는 그냥 나로 잘 살면 됩니다. 꼭 남들이 알아주는 무언가를 크게 해내야 하는 것은 아닙니다. 내가 살고 싶은 방식으로 살면 됩니다.

다만 자신의 가능성을 펼치면서 살 때 인간이 행복해지기에 현존적 조건에 너무 좌우되지 말고 자신의 가능성을 실현하며 살자고 말하는 것이지요. 당장은 현존적 조건에 매몰되기 쉽지만 그 조건을 갖추는 데만 몰두하면 자기가 왜 사는지조차 가물가물해질 정도로 자기 삶을 살지 못하게 될 위험이 큽니다.

드라마 〈나의 해방일지〉에 이런 대사가 있었습니다. "내 입시, 취업, 출산, 육아를 끝내고 나면 또 자식의 입시, 취업, 출산, 육아를 위해 달리는 거야." 우리가 이러려고 사는 것은 아닐 터입니다. 계절이 어떻게 바뀌는지도 모르고 하늘 한 번 쳐다보지도 못한 채 허겁지겁 살아가면서 행복한 사람은 없습니다. 현존적 조건에 매몰되면 내가 누리지 못하는 것만 쳐다보며 불행하게 살게 됩니다.

현재 우리나라 사람의 생활 수준은 전 세계 상위 20% 안에 듭니다. 남들이 누리는 것을 다 누리려다 보면 끝도 한도 없습니다. 우리 눈을 사로잡는 물질적 향유를 하는 것 자체도 너무나 어려운 일인데다가 그 물질적 향유에서 궁극적 만족을 얻을 수도 없으니 현존적 조건에 얽매이는 것은 매우 불행한 일입니다. 현존적 조건에서 시선을 떼고 자신의 가능성을 펼치는 것을 취미로든 일로든 하다 보면 현존적 조건이 주지 못하는 행복을 누릴 수 있습니다.

돈만으로 인간이
행복해지지는 않는다

"돈은 다른 사람한테 아쉬운 소리 하지 않을 정도로만 있으면 된다"라는 말이 있습니다. 소비가 주는 만족감이 짜릿하고 돈만 있으면 쓸 수 있는 물건이 너무나 많은 현실에서 돈만 있으면 행복할 듯한 착각이 일어나기 쉽지만 실상은 그렇지 않습니다.

나다움은 찾아 나가면서 만들어가는 것

돈이 있는 분들은 대부분 관계가 고픕니다. 이런 분들은 부모-자식 간에도 돈으로 인한 계산이 지배적인 관계를 맺게 됩니다. 돈 앞에서 부모-자식 간의 관계도 무의미해져 버리는 것이 주는 소외감은 상상하기 어렵습니다. 자녀가, 배우자가, 친구가 나를 보고 웃는데 사실은 그게 내 돈 때문일 때 내 마음은 어떨까요?

언젠가 로또가 당첨된 가족의 얘기를 다큐멘터리로 본 적이 있습니다. 로또 당첨 이전에 그 가족은 가난해도 서로 정을 나누며 살았습니다. 이웃집에서 가져다준 간식을 서로 먹으라고 양보하다가 썩혀버린 일도 있었다고 합니다.

그런데 복권에 당첨된 이후에는 그럴 일이 없었습니다. 각자 돈을 쓰느라 '너는 너, 나는 나'의 삶을 삽니다. 로또가 당첨된 그분은 자신이 로또가 당첨된 사실을 모르는 사람들과 예전에 하던 일을 하며 지냈습니다. 그게 속이 편하다는 것입니다. 그 일은 통상적으로 돈이 있으면 하지 않을 거라고 생각하는 것이었고, 사회에서 대우해주는 일도 아니었습니다.

그 실화를 보며 정말 사람은 무엇으로 사는지 생각하게 되었습니다. 돈은 사람 사는 데 가장 기초 조건이기는 합니다. 그러나 돈만으로 인간이 행복해지지는 않습니다. 기초 조건이 마련되지 않으면 삶이 너무 힘들어지기에, 그리고 소비로 얻는 순간적 만족감이 크기에 돈만 있으면 행복할 것 같은 착각이 자주 일어나지만 말입니다.

죽음으로부터 도망가는 사람들은 자신이 죽지 않을 거라고 맞춰를 하고자 하기에 현실에서 누릴 수 있는 쾌락을 모두 누리려는 강박을 보이는 경우가 많습니다. 그래서 현존 비율이 높은 사람들은 세상이, 타인이 자기가 원하는 방식대로 존재하지 않는 데 화를 내게 됩니다. 세상이 자기를 제치고 달려 나가는 것 같은 느낌을 받으니까요.

현실의 어려움을 무시하자는 것은 아닙니다. 그렇지만 혹시 세상의 비교에 마음을 빼앗겨 남들 기준에 맞춘 현존적 조건을 갖추려고 아등바등하지는 않는지 생각해보자는 것입니다. 세상의 비교에 나를 내어 맡기는 한 나는 내 행복을 타인에게, 세상에 저당 잡히고 살게 됩니다. 이런 삶은 행복할 수 없습니다.

자동인형처럼 살아가면서
의미상실의 문제를 겪는 현대인

세상의 평가는 대체로 돈과 관련됩니다. 돈이 되는 능력과 돈이 되지 않는 능력의 구분은 인간을 소외시킵니다. 이에 대해 에리히 프롬은 『자기를 위한 인간』에 다음과 같이 썼습니다.

현대인은 자신을 시장에서 판매되어야 하는 상품이자 판매자로 생각하기 때문에 자신이 통제할 수 없는 조건에 따라 자존감이 결정된다. 성공하면 소중한 존재가 되고 성공하지 못하면 무가치한 존재가 된다. 시장지향으로부터 비롯되는 불안은 어떤 식으로 표현해도 과장이 아니다. 우리 가치가 몸에 밴 인간적인 자질로 결정되지 않고 끊임없이 조건이 변하는 시장에서의 성공 여부로 결정된다고 생각하는 순간, 우리의 자존감은 흔들릴 수밖에 없고 다른 사람에게 끊임없이 확인받고 싶어 하게 된다. 따라서 우리는 성공하려고 억척스레 노력하고 약간의 후퇴도 자존감을 꺾어야 하는 중대한 위협으로 느낀다. 무력감과 불안감과 열등감이 그 결과다. 시장의 흥망성쇠가 우리 가치를 평가하는 잣대라면 인간으로서의 존엄성과 자존감은 허물어질 수밖에 없다.

인간으로서 나의 가치가 시장에서 내 능력이 얼마에 팔리느냐에 따라 결정되기에 우리는 불안할 수밖에 없습니다. 시장에서 자신의 능력이 팔리지 않으면 기본적 안전을 확보할 수조차 없어지니까요. 생계가 유지되지 않는 사람이 행복할 수는 없습니다.

'묻지 마 범죄' 등 사회불안 요소는 기본 생계를 꾸릴 수 없는 사회구성원이 많아지기 때문에 생깁니다. 마음의 병을 앓는 사람의 비율이 높아지는 것도 자신의 가능성을 차단당하는 현실로 생깁니다.

자신의 가능성을 실현하고 그것으로 시장에서 높이 평가받으면 (요즘 말하는 덕업일치이지요) 다행이지만 대체로는 자신의 가능성을 실현하는 일로 시장에서 좋게 평가받지 못하기에 문제가 생깁니다.

그래서 현대인이 생생하지 못하게 살아가는 경우가 많습니다. 이렇게 생생하게 살아가지 못하는 사람을 두고 에리히 프롬은 '자동인형'이라고 표현했습니다. 그는 현대인이 자동인형처럼 살아가면서 의미상실의 문제를 겪는다고 지적합니다. 그러면서『나는 왜 무기력을 되풀이하는가』에서 자발성이 많은 문제를 해결한다고 주장합니다. 자발성은 자신의 가능성을 펼칠 때 얻는 그 무엇입니다.

> 자발적 활동으로 자아를 실현하고 이를 통해 세상과 관계를 맺는 개인은 더 이상 고립된 원자가 아니다. 그와 세상은 질서정연한 전체의 부분이 되고 그는 세상에서 자신에게 맞는 자리를 얻게 되며 그럼으로써 자신과 삶의 의미에 대한 회의도 사라질 것이다. 고립과 좌절 탓에 생긴 회의는 강제적으로 자동인형처럼 살지 않고 자발적으로 산다면 그 즉시 사라진다. 그는 자신을 활동적이고 창조적인 개인으로 느끼며 삶 자체의 완성만이 삶의 단 하나의 의미라는 것을 깨닫게 될 것이다.

자발적 활동으로 자아를 실현한다는 것은 자신의 가능성을 펼친다는 말입니다. 자아실현을 할 때 개인은 고립된 원자처럼 세상과 절연되는 것이 아니라 세상이라는 전체의 부분이 됩니다. 자아실현,

나다움은 찾아 나가면서 만들어가는 것

즉 나의 가능성을 실현하는 과정 자체는 세상에 필요한 일을 하는 것과 결국 연결될 수밖에 없습니다. 세상에서 필요하지 않은 일을 하고서 자신의 가능성이 실현되었다고 느끼는 사람은 거의 없기 때문이지요.

그런데 시장의 평가에만 주목하면 자신의 가능성을 실현하는 일에 매진하는 것이 아니라 시장의 평가에 따라 자신을 바꿔나가려고 노력하기 마련입니다. 이 경우에는 시장가치에 매달려 자기를 부정하게 될 위험이 높아집니다.

시장의 평가에만 주목하는 사람들은 궁극적으로 자신을 행복하게 하는 것을 알지 못한 채 물질적 향유에 집착하게 됩니다. 그러고는 시장의 평가에 좌우되어야 하는 자신의 상황에 절망하게 됩니다. 그러면서 다시 또 물질적 향유로 자신을 마취하려 하게 됩니다.

스스로가 스스로를 인정할 수 있는 활동을 하고 있는가

자신이 원하는 자기를 형성해가는 사람은 정신적 문제를 겪지 않습니다. 험난한 세상살이에서 우울감이나 부정적 느낌은 때로 가질 수 있지만 정신건강의학과의 도움을 받을 정도로 문제를 겪지는 않습니다.

그러나 남들은 모두 다 누리는 것처럼 느껴지는 물질적 향유를 자신만 누리지 못한다고 생각하고, 더군다나 그 이유가 자신의 무능력 때문이라고 생각하는 경우에는 문제가 심각해집니다. 자신의 무능력 때문에 앞으로도 남들이 누리는 물질적 향유를 누리지 못하게 될 거라고 느낄 때는 불행해질 수밖에 없습니다.

'자동인형' '가짜 나'는 남들이 누리는 물질적 향유를 누리려고 자신의 특성은 고민하지 않으면서 남들 하는 대로 습관적으로 살아가는 모습입니다. 그러나 가짜 나로 살면서 행복한 사람은 없습니다.

자기 고유의 무언가가 실현되지 않는 방식으로 살면 그런 자기 자신에게 실망하게 됩니다. 자신의 가능성을 펼치는 무언가를 하든지 아니면 다른 누군가의 인간다움을 증진하는 일에 참여하든지 해서 스스로가 스스로를 인정하는 활동을 해야 자기 자신을 미워하지 않을 수 있습니다.

자기답게 사는 사람이 많아질수록
사회가 건전해진다

요즈음 세상의 평가와 상관없이 자기만의 길을 가는 사람들에게 박수 쳐주는 분위기가 형성되고 있습니다. 이른바 명문대를 나와서 대학 졸업장이 필요 없는 일을 하는 데도 박수를 쳐주는 분위기가 형

나다움은 찾아 나가면서 만들어가는 것

성되었습니다.

당당하게 자기 길을 가는 모습에서 우리는 매력을 느낍니다. 타인의 시선에 맞추는 것이 아니라 자신이 원하는 자기가 되려고 노력하는 사람들이 멋지다는 것은 모두 느끼는 바입니다.

자기와 자기 사이의 간극이 적을수록 인간은 행복해집니다. 자신의 고유성을 펼치는 일을 하면서 사는 시간이 길수록 사람은 자기 자신을 덜 미워할 수 있습니다. 고유성을 펼치는 일이기에 그 일을 하면서 스스로에게 만족하게 되고, 자신의 고유성에 집중하기에 비교의식에 시달리지 않을 수 있기 때문입니다.

그래서 진짜 나로 살수록 타인과의 관계도 좋아집니다. 그래서 진짜 나로 사는 사람이 많아져야 세상이 행복해집니다. 법정 스님도 불교방송에서 정목 스님과 나눈 대화에서 다음과 같이 말씀하신 적이 있더군요.

진짜 자기 자신답게 산다고 하면 이웃에 진짜 맑고 향기로운 영향을 끼칠 수 있다고 생각합니다. 그런데 그렇지 못하고 자기 자신답게 살지 못할 때는 개인의 삶도 성에 차지 않고 그런 영향이 이웃에게 바람직하지 못하단 말이에요. 그러기 때문에 한마디로 한다면 누구든지 자기 자신답게 산다면 그것이 메아리가 되어서 건전한 사회적인 조화를 이룰 거라고 저는 그렇게 생각합니다. 혼자 살 건 여럿이 살 건 사람은 저마다 자기 특성이 있기 때문에 남들이 지니고 있지 않은 특성을 마음껏 살리면서 계발하면서 꽃피우면서 그렇게 산다고 할 때 열매는 사회적으로 그렇게 이어지지 않겠는가(생각합니다).

자기답게 사는 사람이 많아질수록 사회가 건전해지고, 그 사회에서 사회 구성원들이 행복을 느끼기가 쉬워집니다. 자기답게 살아가려는 사람은 자기 자신이 자기답게, 인간답게 살아가는 데 관심을 가지는 것은 물론 타인이 자기답게, 인간답게 살아가는 데도 관심을 가지게 됩니다. 내 옆의 사람이 인간답게, 자기답게 살지 못하는데 내가 인간답게, 자기답게 살 수는 없기 때문입니다.

우리는 타인이 비인간적 대우를 받는 것을 보면 괴로워집니다. 다른 사람이 인간적 대우를 받지 못하는데 그것을 방관할 수밖에 없는 경우에는 수치심을 느낍니다. 소유 중심의 사회에서는 내 소유에 관심을 가지게 되므로 타인의 인간다움에 대한 관심이 줄어들기 쉽습니다. 많은 현대인이 불행을 느끼는 이유입니다. 자기다움과 인간다움은 밀접한 관계가 있습니다.

나다움은 찾아 나가면서 만들어가는 것

자기다움과
인간다움의 관계

우리는 이 사회가 점점 더 시장의 논리로 움직이고 있는 것을 목도하고 있습니다. 시장의 논리는 힘이 세서 개인인 우리가 어찌할 수 없다는 무력감을 느끼게 만듭니다. 그러나 사람은 시장에서 판매되는 물건처럼 취급되어서는 안 된다는 최소한의 마음의 저지선이 우리에게는 있습니다. 인간은 누구나 수단으로 대우받을 때 불행을 느끼니까요.

　시장의 논리는 힘이 있는 사람에게 유리하게 돌아갑니다. 그러면 최대한 시장에서 약자의 위치에 있는 사람들에게 관심을 가지며 그들에게 불리하게 시장이 돌아가지 않도록 관심을 기울이는 것이 보다 더 인간다움을 지향하는 일일 것입니다. 우리가 각자의 자리에서 인간다움과 자기다움을 증진시키는 역할을 하면 됩니다.

내가 인간인데 인간답지 않고서 자기다울 수는 없습니다. 에리히 프롬은 "인간은 타인과의 관계에서 자기 자신이 되려는 욕망을 품는 존재이다"라고 말합니다. 소유의 귀속 주체를 분명히 해야 하기에 현대에는 개인을 강조하지만 인간은 관계가 배제된 채 행복할 수 있는 존재는 아닙니다. 지금 많은 사람이 정신적 고통을 호소하는 이유는 관계에서의 행복을 놓치기 때문입니다.

존재의 평안함과는
거리가 먼 삶을 살아가는 사람들

『인간다움』의 저자인 철학자 김기현은 "자신의 지식과 능력을 약육강식과 적자생존의 울타리 안에 가두어 놓으면 비인간적이 된다"라고 말합니다. 인간은 약육강식과 적자생존에 매인 자기 자신에게 만족하지 못합니다. 당장은 이기는 것이 좋고 살아남는 것이 좋기에 아등바등하지만 그러는 자기 자신을 느끼는 순간 환멸하게 되지요. 약육강식이나 적자생존은 인간이 아니라 동물세계의 원리입니다.

우리가 힘든 것은 약육강식이나 적자생존의 원리를 그악스럽게 체화한 사람들이 잘 먹고 잘 사는 것 같은 느낌을 받기 때문입니다. 사람답게 살고 싶지만, 사람답게 살려다가 모든 이익을 놓치고 내

가족도 돌보지 못할까봐, 살아남지 못할까봐 사람답게 살면 안 될 것 같은 압박감을 느껴야 하는 현실 때문입니다.

잘 먹고 잘 사는 것보다는 사람답게 사는 게 더 중요하다고 말하면 안 될 것 같은 세상입니다. 그러나 잘 먹고 잘 사는 쪽으로만 모든 생각과 마음을 가져가는 삶에 만족감을 느끼는 사람은 없습니다. 현존에 그치는 사람은 자신도 제대로 못 느끼는 마음속 불안이 불편하게 하지만 무엇이 자기를 힘들게 하는지도 느끼지 못한 채 다시 각종 물질에 의존하게 됩니다. 존재의 평안함과는 거리가 먼 삶을 사는 것입니다.

조건에 결정당하지 않고
자기가 자기를 결정하는 것

영문학자이자 비평가인 테리 이클턴은 『인생의 의미』에서 "니체나 오스카 와일드에게 우리는 모두 손에 움켜쥔 진흙으로 자신을 고유한 형상으로 정교하게 빚어내기 위해 기다리는, 우리 자신에 대한 최고의 예술가들이다. 우리는 감히 그래야 한다. 내가 생각하기에 이 문제에 관한 전통적 지혜는 삶의 의미가 미리 제작되는 것이 아니라 구성된다는 것이다. 그리고 우리 각자는 매우 다른 방식으로 그렇게 할 수 있다"라고 말합니다.

삶의 의미가 구성된다는 것은 결국 내가 의미를 부여해나간다는 것입니다. "매우 다른 방식으로 그렇게 할 수 있다"라는 말은 각자가 자신의 고유성을 펼치는 방식이 다르기에 다양한 방식으로 구성해나가게 된다는 것입니다. 인간다움과 삶의 의미는 연결됩니다. 저는 인간다움을 이렇게 말하고 싶습니다. 주어진 조건에 결정당하지 않고 그 조건을 넘어서서 자기가 중요하게 생각하는 의미를 지향하는 방식으로 자기를 결정하는 것이라고 말입니다.

인간에게는 본능이 있습니다. 그러나 본능에 결정당하는 것을 '인간답다'고 하지는 않습니다. 동물은 본능에 결정당하지만 인간은 본능을 느끼면서도 본능을 넘어설 수 있습니다. '주어진 조건에 결정당하지 않는다'는 것은 본능이나 이익에 결정당하지 않는 것을 의미합니다. 인간다움은 본능과 이익에 끌리는 자기 자신을 느끼면서도 그것에 결정당하지 않고 자신이 중요하게 생각하는 의미를 지향하는 방식으로 자기를 결정하는 것에 있습니다.

나의 나다움이
너의 너다움과 무관하지 않기에

세상에서는 돈으로 줄을 세우므로 자기 재능이 돈이 되지 않는 분야에 있으면 재능을 펼치는 것을 포기하게 되기 쉽습니다. 그런데 재

나다움은 찾아 나가면서 만들어가는 것

능을 펼치는 것을 꼭 직업으로 해야 하는 것은 아닙니다. 직업으로는 생계를 보장받고 취미로 재능을 펼치는 것도 좋은 선택이라고 생각합니다. 현실적으로 재능이 있는 분야에서 모두가 생계를 보장받을 수는 없으니까요.

결국 경제적 불안에도 재능을 펼치는 삶을 살지, 안정적으로 살며 재능을 아마추어 수준에서 펼치면서 살지 선택이 있을 뿐입니다. 다만 생계 때문에 자신의 재능을 취미로라도, 아마추어 수준으로라도 펼칠 기회를 갖지 못하게 되는 사회구성원들이 많은 것이 안타까운 일입니다.

그래서 저는 우리 모두 나답게 사는 사회를 구축하려고 노력해야 한다고 생각합니다. 그래야만 그 사회에서 나도, 내 가족도, 내가 사랑하는 사람도 행복할 테니 말입니다. 그리고 타인들이 행복해야 그들을 상대하는 내가 행복할 것이니 말입니다.

지구에서는 120억 명이 먹을 수 있는 식량이 생산됩니다. 그런데 세계 인구는 90억 명도 안 되는데 사망원인의 1/4이 기아입니다. 산술적으로는 굶어 죽는 일이 일어나야 하는 상황이 전혀 아닙니다. 그러나 현실은 사망원인의 1/4이 기아라는 것입니다. 현재 지구에서 나는 농산물, 수산물, 축산물로 전 세계 인구가 먹을 수 있는데도 말입니다. 그렇다면 인간이 너무나 우매한 것 아닐까요?

기술이 발전해서 실업이 발생합니다. 그러면 우리는 누군가를 실업자로 만들려고 기술을 발전시키나요? 실업이 늘어나는데 정작 일하는 사람은 필연코 과로에 시달리는 것은 무슨 이유인가요? 현재 일하는 사람은 과로에 시달리고, 일하지 못하는 사람은 실업으로 고통받고 있습니다. 인류의 기술이 축적된 결과가 과로 아니면 실업이라는 게 이상하지 않나요?

인공지능의 발달로 인간이 앞으로 어떻게 먹고살지가 화두가 됩니다. 인류가 인공지능 기술을 발전시킨 이유가 누군가를 실업자로 만들기 위해서는 아닐 것입니다.

경제학자 조지 콜은 "우리 시대의 생산능력은 지금 사람들의 노력과 인류가 쌓아온 과거의 유산이 함께 한 결과물이다. … 모든 시민은 우리에게 주어진 공동유산을 함께 누릴 권리가 있다"라고 말합니다.

개인 혼자 인공지능을 개발한 것이 아닙니다. 인류가 그동안 쌓아온 모든 유산이 응축되어 인공지능이 개발된 것입니다. 그렇다면 인공지능 개발에 따른 이득을 당장 인공지능 개발에 뛰어든 사람만 누리는 것을 정당하다고 할 수는 없습니다. 이 문제는 사회적으로 논의할 사안이고 저에게 이 논의를 진척시킬 역량이 있지도 않습니다. 그렇지만 우리가 죽지 않을 것이라는 소설을 쓰면서 살면 이러한 진실을 보는 눈을 가지기 어렵다는 점을 강조하고 싶습니다.

현실을 살아가다 보면 '나만 아니면 돼' 하는 마음을 가지도록 압박당하지만 그런 마음은 우리 자신을 소외시킵니다. 나와 나의 관계, 나와 타인의 관계, 나와 사회의 관계를 건강하게 하는 것이 중요

나다움은 찾아 나가면서 만들어가는 것

합니다. 사회는 사회 구성원이 각자 자신의 고유성을 실현하는 것을 방해하지 않는 방식으로 구조화해야 합니다.

저는 우리가 죽어간다는 진실을 받아들이지 않으면 소비도 과도하게 하려 하고, 남보다 더 많이 가지는 데 집중하고, 나보다 더 적게 가진 사람은 쳐다보지도 않은 채 나보다 많이 가진 사람만 보면서 신세를 한탄하다가 삶을 마감하게 된다는 사실을 강조하고 싶습니다.

그래서 모두가 나답게 사는 사회를 구축하는 데 필요한 아이디어를 내놓기보다 어떻게 하면 내가 남보다 더 잘 먹고 잘살까만 연구하다가 죽는데, 이러한 삶을 정작 당사자도 보람되게 느낄 수 없다는 것을 말씀드리고 싶습니다. 이러한 세상에서는 우리 모두 행복하기 어렵다는 것을 말입니다.

그렇기에 저는 각자가 자기답게 살려고 노력하면서 사회 전체가 사회 구성원의 자기 됨을 증진하는 방식으로 운영되도록 노력해야 한다고 생각합니다. 나의 자기다움과 인간다움이 사회와 무관하지 않다는 진실을 보아야 합니다. 그래서 '모두가 나답게 사는 사회'에 관심을 두면서 각자가 나답게 살아가려 노력해야 합니다. 나답지 않은 사람에게서 나오는 아이디어가 다른 사람들의 자기 됨을 증진하지는 않으니까요.

인간만이 자기 자신을 넘어서는 선택을 할 수 있습니다. 나답게 살고자 하는 사회 구성원이 많아질 때 모두가 나답게 살 수 있는 사회를 구축하는 방안을 고민할 수 있습니다. 그래서 점차 그런 방향으로 사회를 운영해 나갈 수 있습니다.

　나다운 사람이어야 모두가 나답게 살 수 있는 사회를 구축해가려는 노력을 제대로 할 수 있습니다. 그리고 모두가 나답게 살 수 있는 사회를 구축할수록 그 사회에서 사회 구성원들이 점점 더 나답게 살아갈 수 있습니다.

　나답게 산다는 것은 자기 욕망을 무한긍정하는 것이 아닙니다. 자신을 인간답게 하는 욕망은 긍정하고 자신의 인간다움을 격하하는 욕망은 부정하면서 자신의 가능성을 펼치며 살아가는 것입니다. 내가 느끼는 모든 욕망을 무조건 긍정할 때 나다워지는 것은 아닙니다. 나에게는 나를 나답게 하는 욕망도 있지만 나의 인간다움을 끌어내려 결국 나를 나답게 하지 못하도록 하는 욕망도 있습니다. 이 두 가지를 잘 구분해야 합니다.

　나를 나답게, 인간답게 하는 욕망은 그 욕망을 실현하는 데 노력이 듭니다. 그런데 나를 인간답지 않게 하는 욕망은 그 욕망에 딸려가지 않는 데 노력이 듭니다. 나를 인간답게 하지 않는 욕망에 딸려가지 않는 동시에 나를 인간답게 하는 욕망을 실현하려고 노력하면서 내 고유성을 발견해 나가는 것, 내 고유성을 찾아 나가는 방식으로 다양한 경험을 하면서 그 모든 경험을 자기를 구성하는 것으로 통합해가는 것이 나답게 사는 길입니다.

　나답게 살다 보면 나의 자기다움에만 관심을 가지지 않고 타인의 자기다움에도 관심을 가지게 됩니다. 내 옆의 사람이 자기답게 살지

나다움은 찾아 나가면서 만들어가는 것

못하는 세상에서 나만 자기답게 사는 것이 불가능하다는 것을 알게 되기 때문입니다.

나의 자기다움과 타인의 자기다움은 나의 인간다움과 타자의 인간다움과 밀접하게 연결됩니다. 그래서 나답게 살고자 하는 사람은 나와 타인의 인간다움과 자기다움에 관심을 가지게 됩니다. 자기답게 살려고 노력하면 할수록, 자신에게 자기다움의 가치가 얼마나 중요한지 알면 알수록 타인의 자기다움에도 관심을 기울이게 됩니다.

야스퍼스는 "타자가 자기 자신이고 자기 자신이고자 할 때 내가 그와 함께 나 자신이고 나 자신이기를 원할 때 비로소 내가 나의 자유 안에서 나 자신이 된다"라고 말합니다. 자기답게 사십시다. 자기답게 산다는 것이 무엇인지 늘 찾으며 자기다움을 형성하며 살아가십시다. 소외되지 않고 존재가치를 고양하면서 사는 것은 인간이 본래 원하는 것인데, 이는 실존적으로 살면서 인간다움과 자기다움을 동시에 추구하는 것으로만 가능해집니다.

인간은 자기다움과 인간다움을 동시에 구현할 때 행복한 존재입니다. 나의 나다움이 너의 너다움과 무관하지 않습니다. 타인과 공존하면서 나의 자기다움과 인간다움, 타인의 자기다움과 인간다움을 증진하는 데 기여할 때 인간은 행복합니다.

모두 나답게 살 수 있는
세상을 꿈꾸며

원고를 출판사에 보내놓고 에필로그를 쓰는 이 시간에 마음이 더 복잡해집니다. '제대로 쓴 것 맞나' 하는 자의식이 저를 괴롭힙니다.

어떤 사람에게는 나답게 산다는 것이 자기 본연의 욕망을 긍정하는 것이고, 어떤 사람에게는 나답게 산다는 것이 자신의 1차적 욕망을 절제하는 것입니다.

어떤 사람에게는 타인을 조금 더 이해하려 노력하면서 자신의 우물을 넓히는 것이 나답게 사는 것이고, 어떤 사람에게는 이제 그만 인내하고 자신의 저 밑바닥 마음을 들여다보는 것이 나답게 사는 길입니다.

이 책을 읽은 분들이 이러한 갈림길에서 조금은 더 감이 잡히는 느낌을 받으신다면 그것으로 이 책의 역할은 다한 것이라고 생각하고 싶습니다.

나 자신에게 어떤 경향성이 있는 것은 사실입니다. 그렇지만 이것이 고정되어 있어서 찾기만 해야 하는 것은 아닙니다. 내 존재의 결을 아는 것도 중요하고, 내가 되고 싶은 방향으로 나를 만들어가는 것도 중요합니다. 내 존재의 결에 맞게 내가 원하는 방향으로 나를 형성해가는 것이 나답게 사는 방법입니다.

지금까지 나의 존재의 경향성을 찾아 나가면서 존재의 결에 부합하는 자기 자신을 만들어가자고 말해왔습니다. 그렇다고 내 욕구나 적성을 절대적으로 긍정하기만 해야 하는 것은 아닙니다. 소비의 시대에 세상은 욕망을 끊임없이 자극하려 들지만 말입니다. 자신의 인간다움을 증진하지 않는 욕망은 제어해야 합니다. 그 길로 갔을 때 결국 자기 자신에게 만족할 수 없기 때문입니다.

나를 편하게 하는 나다운 모습의 나로 살 때도 있고, 내가 불편한데도 어쩔 수 없이 나답지 않은 모습으로 살아야 할 때도 있습니다. 가장 중요한 것은 나답지 않은 모습이 나에게 강요될 때 그것을 분별하고 그렇게 살지 않기로 결단하고 그에 맞추어 자기 삶을 바꿔나가는 노력을 하는 것이라고 생각합니다.

삶에 무언가 엄청난 게 있는 것이 아닙니다. 어떤 성과를 거두어야만 행복해질 수 있는 것도 아닙니다. 우리는 모두 그저 '나로 존재하는 행복'에 눈뜰 필요가 있습니다. 타인의 박수에 의존해서는 궁

모두 나답게 살 수 있는 세상을 꿈꾸며

극적으로 행복해질 수 없습니다.

쇼펜하우어가 『의지와 표상으로서의 세계』에서 말했듯이 어차피 우리 모두 죽음을 향해 꿈결처럼 허우적거리며 걸어갑니다. 그것은 너나 할 것 없이 똑같습니다. 그런데 이 삶이 무언가 엄청난 것이어야 한다는 전제를 하면 자기 삶이 마음에 안 들어서 고통에 시달리다가 인생이 끝나게 됩니다. 자기 인생에서 운이 좋은 측면은 보지 못한 채 힘든 측면만 보면서 원망에 빠지기 쉽습니다. 알고 보면 다른 사람들은 더한 고통을 겪으며 살아가기도 하는데 말이지요.

우리는 모두 종료 시점을 예측할 수 없는 시한부 인생이지만 내가 타인을 어떻게 대하느냐에 따라 그 사람과 나의 세상이 달라지는 것만은 분명합니다. 사라질 인생이지만, 아니 사라질 인생이기에 더욱더 지금 내 옆에 있는 사람이 소중합니다. 그 사람과 함께 한 번 더 웃는 것이 중요합니다.

삶이 언젠가는 끝나고 말 것임을 의식할 때 삶을 충실히 살고 싶어집니다. 자신이 죽을 것이라는 사실을 받아들일 때 자기 삶의 의미를 스스로 부여할 수 있게 됩니다. '죽어가는 삶'이라는 진실에서 도망가지 않을 때부터 진정한 의미의 자기 삶을 살게 됩니다. 세상이 중요하다고 여기는 것을 따라가지 않고 진정한 자기가 되는 데 중요한 것을 중요하게 볼 줄 아는 눈이 생기기 때문입니다.

인간은 자기가 자기를 결정하면서 살아가는 만큼 행복해지는 존재입니다. 에라스뮈스는 "나는 온 마음을 다해 나이기를 원한다"라고 말했습니다. 자기 마음의 소리를 잘 들으면서 점점 더 자기 자신을 발견해가며 스스로 원하는 자기 자신을 형성해갈 때 인간은 행복해집니다.

그러다 보면 내 옆의 사람이 자기답지 않을 때, 그리고 인간답지 않을 때 나 역시 행복할 수 없다는 중요한 진실도 알게 됩니다. 그래서 이 세상이 '모두가 자기답게 살 수 있는 세상'이 되기를 희망하며 이를 위해 노력하게 됩니다. 그리고 그렇게 노력하는 자기 자신을 마음에 들어 하며 살아가게 됩니다.

인생에는 비밀이 있는 것 같습니다. 가기 쉬운 길을 따라가서는 궁극적 행복에 닿을 수 없고, 가기 어려운 길을 갈 때 궁극적 행복에 닿을 수 있다는 비밀 말입니다.

인간이 궁극적으로 행복하려면 자신과 타인의 자기다움과 인간다움을 증진하는 데 기여해야 한다는 진실을 모두가 알았으면 좋겠습니다. 우리 모두 자기다움과 인간다움을 증진하는 데 기여하는 행복을 누리고 전파하며 살았으면 좋겠습니다. 그래서 모두 한 걸음 한 걸음 더 행복해지는 길을 걸었으면 좋겠습니다.

박은미

모두 나답게 살 수 있는 세상을 꿈꾸며

참 고 문 헌

●

김기현 저, 『인간다움』, 21세기북스, 2023.

김영민 저, 『아침에는 죽음을 생각하는 것이 좋다』, 어크로스, 2023.

김정수 저, 『나는 누구인가? 나는 무엇인가?』, 소울메이트, 2010.

라이언 홀리데이 저, 이경식 역, 『에고라는 적』, 흐름출판, 2017.

쇠렌 키르케고르 저, 임규정 역, 『불안의 개념』, 한길사, 2002.

롤로 메이 저, 백상창 역, 『자아를 잃어버린 현대인』, 문예출판사, 2010.

루크레티우스 저, 강대진 역, 『사물의 본성에 관하여』, 아카넷, 2012.

마르쿠스 아우렐리우스 저, 박문재 역, 『명상록』, 현대지성, 2018.

박찬국 저, 『사는 게 힘드냐고 니체가 물었다』, 21세기북스, 2018.

비욘 나티코 린데블라드 저, 토마스 산체스 그림, 박미경 역, 『내가 틀릴 수도 있
     습니다』, 다산초당, 2024.

에리히 프롬 저, 강주헌 역, 『자기를 위한 인간』, 나무생각, 2018.

에리히 프롬 저, 라이너 풍크 엮음, 장혜경 역, 『나는 왜 무기력을 되풀이하는가』,
     나무생각, 2016.

이무석 저, 『자존감: 나를 사랑하게 하는』, 비전과리더십, 2009.

전미정 저,『상처가 꽃이 되는 순서』, 예담, 2009.

전홍진 저,『매우 예민한 사람들을 위한 상담소』, 한겨레출판, 2023.

정도언 저,『프로이트의 의자』, 지와인, 2023.

존 스튜어트 밀 저, 박홍규 역,『자유론』, 문예출판사, 2009.

주디스 올로프 저, 이유경 역,『감정의 자유』, 물푸레, 2012.

최인아 저,『내가 가진 것을 세상이 원하게 하라』, 해냄, 2023.

칼 야스퍼스 저, 신옥희·홍경자·박은미 역,『철학 Ⅱ : 실존조명』, 아카넷, 2019.

테리 이글턴 저, 강정석 역,『인생의 의미』, 책읽는수요일, 2016.

허규형 저,『나는 왜 자꾸 내 탓을 할까』, 오리지널스, 2023.

헤르만 헤세 저, 폴커 미헬스 편, 임용호 역,『사랑할 수 있는 사람은 행복하다』,
        종문화사, 2014.

우울과 불안을 끌어안는 심리학

우울과 불안을 이기는 작은 습관들
임아영 지음 | 값 18,000원

임상심리전문가로 활동해온 저자는 살아가는 동안 겪는 다양한 실패의 경험을 받아들이면서 균형을 찾는 게 중요하다고 강조한다. 따라서 우울과 불안을 무조건 피해야 할 부정적 감정으로 인식하기보다는 위험에 대비하고 삶에 대한 성찰을 돕는 적응적 기능을 중요하게 생각해야 한다. 이 책은 '우울'과 '불안'이 발생하는 메커니즘을 설명하면서 그것을 대하는 인식의 변화를 촉구한다. 이와 함께 현실에서의 긍정성을 찾는 방법, 긍정과 부정 사이에서 삶의 균형을 맞추는 방법 등을 제시한다.

내 안의 나와 행복하게 사는 법

내면아이의 상처 치유하기
마거릿 폴 지음 | 값 19,800원

이 책은 자신을 사랑하고 치유하며 성장하고 싶은 사람을 위해 쓴 것으로, 주변 사람들과의 관계와 인생을 풍요롭게 해줄 수 있는 소중한 지혜와 전략이 가득하다. 이 책에서 제시하는 내면적인 유대감 형성 5단계 과정을 따라 해보는 것만으로도 곧 치유의 과정이 되어 상처받은 내면아이를 보듬고 사랑이 넘치는 삶을 살 수 있을 것이다. 이 책을 통해 더 이상 혼자가 아니라는 기쁨을 느껴보자!

술로 고통받는 사람들과 가족들을 위한 70가지 이야기

왜 우리는 술에 빠지는 걸까
하종은 지음 | 값 16,000원

알코올중독에 대한 이해부터 치료 방법, 극복 방법, 극복 과정에 이르기까지 알코올중독에 관한 모든 것을 한눈에 볼 수 있도록 정리한 지침서다. 알코올중독이란 과연 무엇인지, 알코올중독에서 회복하려면 어떤 과정을 거쳐야 하는지, 알코올중독과 다른 정신과적 질병과의 관계는 어떠한지, 알코올중독도 유전이 되는지 등 전문가에게 의뢰하지 않고는 쉽사리 알기 어려웠던 알코올중독의 원인부터 대안까지 상세히 다룬다.

심리학, 이보다 더 쉬울 수 없다!

처음 시작하는 심리학
조영은 지음 | 값 16,000원

80개의 심리학 개념어를 모아 체계적이면서도 쉽고 재미있게 풀어낸 심리학 입문서다. 가장 기본적이고 핵심적인 것들만 엄선해 심리학을 공부하기 시작한 독자들이 이 책을 통해 탄탄한 기초를 잡을 수 있도록 도와준다. 또 각 이론의 정의와 특징을 단순히 나열하는 것이 아니라 일상생활에서 한 번쯤 경험했을 만한 심리학적 현상, 각각의 이론과 관련된 흥미로운 실험까지 다루어 설명함으로써 누구나 한 번에 이해할 수 있도록 했다.

사람을 움직이는 소통의 힘

관계의 99%는 소통이다

이현주 지음 | 값 14,000원

직장 생활에서 바람직한 인간관계를 맺기 위해 필요한 소통 방법을 다룬 지침서다. 많은 기업에서 직장 내 관계에 대한 교육과 상담을 활발히 해온 저자는 이 책을 통해 올바른 소통 방법을 알려준다. 이 책은 인간관계를 기반으로 한 소통을 다루면서 우리가 알고 있었던, 혹은 눈치채지 못했던 대화법의 문제점을 부드럽게 지적한다. 회사에서의 답답했던 소통으로 목말랐던 직장인이라면 이 책을 통해 그동안 소통 때문에 겪은 스트레스를 해소할 수 있을 것이다.

이유 없는 아픔은 없어

삶이 힘들고 지칠 때 심리학을 권합니다

박경은 지음 | 값 15,000원

질투, 서운함, 열등감, 분노 등 마음을 흩뜨리는 많은 부정적인 감정들로 스스로를 상처 내고 있는 사람들이 꼭 읽어야 할 책이다. 오랜 기간 심리상담을 해온 저자는 은밀하면서도 치명적인 삶의 상처에 대한 다양한 사례들을 담고자 했다. 책 속 사례를 통해 내면을 성찰하고 자신의 문제를 객관화할 수 있어야 한다. 이 책을 통해 당신의 아픔을 있는 그대로 들여다볼 수 있을 것이다. 삶이 힘들고 지친 이들에게 이 책을 권한다.

MMPI 초보자가 꼭 알아야 할 것들

처음 시작하는 MMPI

황선미 지음 | 값 16,000원

이 책은 가장 자주 사용되는 중요한 심리검사인 MMPI를 최대한 이해하기 쉽게 설명한 최고의 가이드북이다. 숫자와 그래프가 아직은 쉽지 않은 초보 상담자들, 검사는 자주 하지만 정작 해석에 고충을 느끼는 상담자들에게 MMPI를 쉽게 설명하고자 하는 목적으로 집필된 책이다. MMPI 검사의 개념, 타당도 척도와 임상척도, MMPI 프로파일 해석법, MMPI 검사로 본 임상 사례, MMPI 검사 보고서 작성법 등 MMPI의 모든 것을 최대한 이해하기 쉽게 풀어놓아 MMPI에 관심있는 분들이라면 많은 도움이 될 것이다.

핵심 개념어 160개로 살펴보는 심리학의 모든 것

한번 읽으면 절대로 잊지 않는 심리학 공부

강현식 지음 | 값 18,000원

'누다심(누구나 다가갈 수 있는 심리학)'이라는 필명으로 심리학 블로그를 운영하고 있는 저자는 사람들에게 제대로 된 심리학을 쉽고 재미있게 알리겠다는 의지를 이 책 한 권에 담았다. 160개의 심리학 핵심 개념어를 간결하면서도 통찰력 있게 풀이했기 때문에 이 책을 통해 심리학에 대한 객관적이고 다양한 정보를 얻을 수 있을 것이다. 심리학에 관심이 많은 일반인들이나, 심리학을 전공하고자 하는 이들에게 일독을 권한다.

■ 독자 여러분의 소중한 원고를 기다립니다 ─────────────────

초록북스는 독자 여러분의 소중한 원고를 기다리고 있습니다. 집필을 끝냈거나 집필중인 원고가 있으신 분은 khg0109@hanmail.net으로 원고의 간단한 기획의도와 개요, 연락처 등과 함께 보내주시면 최대한 빨리 검토한 후에 연락드리겠습니다. 머뭇거리지 마시고 언제라도 초록북스의 문을 두드리시면 반갑게 맞이하겠습니다.

■ 메이트북스 SNS는 보물창고입니다 ─────────────────

메이트북스 홈페이지 www.matebooks.co.kr

책에 대한 칼럼 및 신간정보, 베스트셀러 및 스테디셀러 정보뿐만 아니라 저자의 인터뷰 및 책 소개 동영상을 보실 수 있습니다.

메이트북스 유튜브 bit.ly/2qXrcUb

활발하게 업로드되는 저자의 인터뷰, 책 소개 동영상을 통해 책에서는 접할 수 없었던 입체적인 정보들을 경험하실 수 있습니다.

초록북스 블로그 blog.naver.com/chorokbooks

화제의 책, 화제의 동영상 등 독자 여러분을 위해 다양한 콘텐츠를 매일 올리고 있습니다.

메이트북스 네이버 포스트 post.naver.com/1n1media

도서 내용을 재구성해 만든 블로그형, 카드뉴스형 포스트를 통해 유익하고 통찰력 있는 정보들을 경험하실 수 있습니다.

STEP 1. 네이버 검색창 옆의 카메라 모양 아이콘을 누르세요. STEP 2. 스마트렌즈를 통해 각 QR코드를 스캔하시면 됩니다. STEP 3. 팝업창을 누르시면 메이트북스의 SNS가 나옵니다.